북한-중국 국경

역사와 현장

북한-중국 국경
역사와 현장

이종석 지음

세종연구소

책을 펴내며

북한-중국 국경에 대한 필자의 연구는 조금 특별한 인연에서 출발했다. 필자는 분단시대를 사는 여느 또래처럼 한반도와 대륙을 나누는 경계이자 우리 민족의 애환이 서린 압록강과 두만강을 여행하는 꿈을 꾸며 소년 시절을 보냈다. 그러나 북한이나 중국·소련을 거치지 않고는 갈수 없는 곳이기에 냉전이 한창 극성을 부리던 당시에 그것은 한낱 몽상일 따름이었다. 그런데 세월이 세상을 바꾸면서 꿈이 현실이 되었다.

20여 년이 지난 뒤 필자는 북한연구자라는 특별한 직업 덕분에 누구보다도 먼저 압록강·두만강 유역을 여행하게 되었다. 1990년대에 접어들어 냉전이 해체되자 중국으로 가는 길이 열렸다. 그때 필자는 북한의 정확한 현실 파악에 목말라 있었다. 북한의 역사나 이론은 문헌자료를 가지고 웬만큼 분석이 가능했으나 북한의 현실에 대해서는 관련 자료도 뒤지고 얼마 되지 않는 탈북자들도 찾아 인터뷰했지만 항상 부족함을 느꼈다.

예를 들어 많은 이들이 북한경제 침체의 원인으로 지적하는 사회주의적 소유방식에 대해 이론적으로는 그 한계를 알겠는데, 실제 조사결과가 없다 보니 실감하기가 어려웠다. 북한 주민의 삶의 곤궁함에 대해서도 내 눈으로 직접 보아야 그 정도나 체제에 미치는 영향에 대해서 나름대로 판단할 수 있을 것 같았다. 북한 현지조사를 하면 해결될 수 있는 문제들이지만 그것은 여전히 꿈조차 꾸기 어려웠다.

그래서 북-중 국경을 찾게 되었다. 북한에서 가장 가까운 곳에 가서 북한 농촌을 관찰하면 사유지인 텃밭과 사회적 소유인 협동농장에 심은 옥수수나 채소의 작황이 실제로 얼마나 차이가 있는지 정도는 확인할 수 있으리라는 기대가 있었다. 또 멀리서 북한 주민들의 자연스러운

실제 생활을 관찰하는 것만으로도 연구에 큰 도움이 되리라는 확신도 있었다. 그렇지만 국경에 간다고 해서 이런 관찰이 가능하다는 보장은 없었다. 그래도 실사구시의 북한연구를 위해서는 시도해야 한다고 생각했다.

마침 그때 필자는 석사 시절 연구했던 김일성의 항일무장투쟁을 현장에서 확인하기 위해 만주의 오지를 여러 차례 답사했기에 국경여행에 웬만큼 자신이 있었다. 그러나 원래 북-중 국경이 정치·외교적으로 예민한 곳이어서 그런지 중국 현지 학자 중에서도 국경답사를 한 사람은 찾을 수 없었다. 그래서 초기에는 옌볜조선족자치주의 수도인 옌지시延吉市에서 가까운 두만강 일원의 국경을 산발적으로 관찰하였다. 그러다가 1,334km에 달하는 북-중 국경 전 구간을 처음 답사한 것이 1996년 3월 말~4월초였다. 지금은 일부 지역을 제외하면 국경 대부분의 구간을 따라 도로가 이어져 있지만 그때는 교통 사정으로 아예 접근이 불가능한 곳이 수두룩했으며, 그나마 있는 도로도 열악하기 그지없었다.

그래도 답사는 인상 깊었다. 필자와 동행했던 분들이 세종연구소 동료인 백학순·양운철 박사였는데, 우리는 지금도 가끔 그때 얘기를 한다. 압록강 최상류에 위치한 중국 창바이长白 조선족 자치현에 들렀을 때 일이다. 북한과 중국을 가르는 압록강 강가에 나와 보니 저녁 어스름에 잠긴 얼어붙은 강 가운데에서 창바이 주민과 맞은 편 북한의 혜산시 주민 수십 명이 서로 엉켜 자잘한 밀거래를 하는 모습이 보였다. 말리거나 통제하는 이도 없었다. 이윽고 북한 초병이 경고음을 냈고, 그러자 양국 주민들이 양쪽으로 쫙 흩어졌다. 아직도 눈에 선명한 이 광경이 지금 돌아보니 호랑이 담배 피던 시절처럼 느껴진다.

이렇게 첫 국경답사를 시작으로 필자는 지난 20여 년간 공직자로서 근무했던 기간과 특별한 시기를 제외하면 대체로 매년 한 두 차례 북-중 국경을 찾았다. 그 과정에서 초기에는 경제적 어려움을 견디다 못해 강을 건너왔다가 돌아가는 북한 주민들의 가슴 아픈 사연도 많이 접했다. 또 매번 북한의 농사작황을 보다 잘 파악해보겠다는 일념으로 날늘이 좋다고 하는 망원경도 꽤 사들이고, 아주 가까운 거리에서 주기적으로 북한 농촌을 들여다보기도 했다. 그러나 솔직히 그 정도의 관찰로 텃밭과 협동농장 사이에 어느 정도나 수확량이 차이가 있는지를 파악하기란 불가능했다. 그래서 원래 목적했던 바를 온전하게 성취하지는 못했다. 그러나 국경답사는 뜻하지 않게 다양한 분야에서 필자의 연구 활동에 도움이 되었다.

특히 북-중 국경답사는 필자에게 북-중 관계를 본격 연구하는 계기를 제공하였고, 나아가 북-중 국경연구라는 새로운 분야를 개척할 수 있는 기회를 마련해 주었다. 국경은 양국 간 관계가 집중적으로 빚어지는 곳이기에 필자는 답사를 통해 각종 자료를 모으고 연구를 심화시켜 2000년에 『북한-중국관계 1945~2000』이라는 저서를 출간하였다. 또 시계열적으로 이루어진 장기간의 국경 답사를 통해 결과적으로 북-중 국경에 대한 지식도 꽤 축적하게 되었다. 그러나 이 지식을 모아 책을 낼 생각까지는 하지 않았다. 그런데 세종연구소 소장인 진창수 박사가 한차례 국경답사를 함께 하더니 필자에게 단행본 집필을 강력히 권했다. 북-중 국경에 대해 제대로 된 안내서조차 없는 현실에서 아까운 지식을 혼자만 갖고 있지 말라는 것이었다.

맞는 말이었다. 아직까지 국내외를 막론하고 북-중 국경을 종합적으로 서술한 책은 없었다. 특히 북-중 국경 현황에 대해서는 어설프게나마 기술해놓은 책들이 띄엄띄엄 있지만 북-중 국경의 전 역사를 서술하거나 국경이 지닌 이론적 맥락을 염두에 둔 단행본은 아예 없었다. 그래서 고민 끝에 부족하나마 북-중 국경의 역사와 현황을 경계가 지닌 이론적 맥락을 고려하면서 종합적으로 서술한 단행본을 내기로 했다. 세종연구소에서도 단행본 출판을 연구소 심층과제 수행의 일환으로 할 수 있도록 배려해주었다.

다행히 필자에게는 그동안 북-중 국경과 관련해서 이미 제출한 몇 편의 연구 성과물이 있었기에 책을 만드는 일이 완벽하게 새로운 작업은 아니었다. 무엇보다도 2014년에 세종연구소에서 발간한 〈북한-중국 국경 획정에 관한 연구〉와 2016년 말 아시아국제법발전연구회가 이석우 인하대 교수의 주도로 수행한 비공개 외교부 프로젝트 《통일대비 북-중 국경제도 연구》에서 '북-중 국경획정과 관리현황' 부분을 집필한 것이 이 책을 만드는 데 크게 도움이 되었다. 이 글들은 '주요 국경도시'나 '북-중 국경의 현재와 미래' 등 새로 쓴 부분과 함께 필자의 수정을 거쳐서 이 책 속에 녹아들었다. 따라서 본문에서 이 글들에 대해서는 필자의 다른 연구물과 달리 따로 인용표시를 하지 않았다.

책의 편집 과정에서 한자의 표기를 두고 어려움이 컸다. 중국정부는 1956년부터 기존의 한자를 간결하게 만든 간체자簡體字를 공식적으로 사용하며 오늘에 이르고 있다. 그러나 우리나라는 물론이거니와 타이완, 홍콩 등은 여전히 기존의 한자인 번체자繁體字를 쓰고 있다. 이 책에서는 일정한 기준을 두어 이 혼란을 정리하였다. 우선 1949년 중화인민공화국 성립 이후에 나온 모든 문건이나 지방 명칭은 중국의 간체자를 따르되, 그 밖의 시기와 중국 본토 이외 지역에서 발행한 문건이나 용어는 번체자를 쓰기로 했다. 아울러 중화인민공화국 수립 이후 표시되는 중국 내 명칭은 모두 중국어 발음을 따라 표기하였다.

책을 펴내면서 여러분으로부터 도움을 받았다. 책에 실린 사진은 일부 포털에서 도움을 받기도 했지만, 대부분은 필자가 이끄는 답사단이 직접 찍은 것들이다. 사진의 상당 부분은 필자와 가장 많이 답사 동행을 한 세종연구소 정성장 수석연구위원이 찍었으며, 일부는 변경문화 전문가인 노귀남 박사가 찍기도 했다. 이분들께 감사드린다. 그리고 책의 내용을 다듬는데 세 분의 익명의 평가자가 보내준 논평이 커다란 도움이 되었다. 진심으로 감사드린다. 원고를 자신의 것처럼 꼼꼼히 읽고 코멘트해 준 여시재의 김진향 연구위원에게도 감사드린다. 책의 완성도를 높이기 위해 초판 인쇄를 연기해가면서까지 소제목을 고치고 다시 교정을 보는 등 애써 나의 부족함을 메꿔준 박준성·정소운 부부에게도 고마움을 전한다. 책 편집과 교열 때문에 고생한 광일출판사 이상춘 사장님께도 고마움을 전한다.

끝으로 이 책이 다양한 분야의 사람들에게 도움이 되었으면 좋겠다. 오늘날 많은 이들이 북-중 국경에 대해 관심을 가지고 있다. 아마 관심의 이유와 목적은 다양할 것이다. 그것이 무엇이건, 이 책이 북-중 국경을 찾거나 공부하고 싶은 모든 분들에게 조금이라도 도움이 되기를 바란다.

2017년 6월 16일

이 종 석

차 례

차 례

제1장

북-중 국경 바로보기

제1장

북-중 국경 바로보기

1. 북-중 국경의 기능과 변화하는 이미지

경계境界, boundary는 서로 다른 두 주체 혹은 두 영역을 분리하는 기준선이다. 경계가 나라와 나라 사이를 분리하면 곧 국경國境이다. 특정 주체의 입장에서 보면 경계는 나와 타자를 구분하는 표식이다. 그렇기 때문에 국경은 두 국가 간 갈등과 대립의 현장이나 충돌 가능성이 높은 잠재적인 도화선이라는 이미지를 갖는다. 실제로 국제사회에서 국경은 대부분 갈등과 분쟁의 위험성을 가장 많이 안고 있는 현장이다. 특히 영토분쟁을 안고 있는 국경은 그야말로 살얼음판 위를 걷는 느낌의 긴장과 살풍경을 연출하기도 한다.

국경은 합법·비합법 이민자 문제가 발생하는 곳이기도 하며, '요행의 한탕'을 바라며 밀수 등 불법행위가 이루어지는 위험지역이기도 하다. 이런 이유 때문에 여행객들은 국경에서 어느 곳보다도 심한 검문·검색을 당한다. 결국 사람들에게 인식되는 국경의 압도적 이미지는 차단과 경계警戒의 상징이다.

그러나 국경을 차단과 경계의 상징으로만 본다면, 그것은 우리가 국경의 한쪽 측면만을 보는 것이다. 국경은 '분리'를 의미하지만, 다른 한편으로 두 나라가 인접해 있는 곳이다. 따라서 국경은 크고 작음의 차이는 있으나, 기본적으로 서로 다른 정치·사회·문화·경제 제도가 만나는 곳이다. 이는 차단과 경계의 상징인 국경이 역설적으로 갈등과 분쟁을 화해와 협력으로 전환시킬 수 있는 기회를 가장 많이 가지고 있는 곳이기도 하다는 뜻이다. 국경은 갈등과 충돌을 야기하는 곳이기도 하지만, 때때로 '다름'을 융합함으로써 이를 맞댄 국가들의 발전에 큰 동력으로 작용하기도 한다. 특히 국가 간 협력이 강조되는 냉전 이후의 국제질서에서 지역 평화와 공동번영의 추구는 매우 중요한 과제가 되고 있다. 따라서 지금은 각 국가들이 방어적 차원에서 국경을 관리하는 것 못지않게 평화와 공동번영을 위해 개방적이며 초국경超國境을 지향하는 국경관리가 주목받고 있다. 이러한 맥락에서 오늘날 국경연구는 단순히 '분리'라는 현상을 연구하는 데 그칠 것이 아니라 국가 간 협력의 가교로서 국경이 수행하는 기능과 역할에 대해서도 더 관심을 기울일 필요가 있다.

흔히 국경연구는 경계정치의 핵심이라고 한다. 경계정치border politics란 경계즉, 국경을 둘러싸고혹은 매개로 하여 복수의 주권국가 간에 발생하는 제반 행위 및 관계를 뜻한다.[1] 전통적으로 경계정치는 영토분쟁, 이민문제 등 분리와 대립·갈등의 주제들을 주로 다루어왔다. 그러나 이제 경계정치도 전통적인 주제 영역과 함께 이질적 생활방식과 문화, 제도의 합류·교류지점으로서 국경이 지닌 의미와 역할에 주목할 필요가 있다. 그리고 이러한 합류와 교류가 경계국가들의 생활방식, 문화, 제도의 변화 발전에 미치는 영향까지도 섬세하게 분석할 필요가 있다.

바로 이러한 맥락에서 필자는 북한-중국 국경을 다루는 이 책에서 '차단·분리의 상징으로서 국경'과 '협력·융합의 가교로서 국경'을 가능한 균형감 있게 다루려고 한다.

북한과 중국은 1,334km에 걸친 긴 국경선을 마주하고 있다. 북한 입장

---

1) 이종석. 2011. "경계정치를 통해 본 2011년 북한" 《정세와 정책》, 2011년 12월호. 성남, 세종연구소, 13쪽.

에서는 두만강 하류의 약 15km에 이르는 러시아와의 국경 구간을 제외하면 대륙으로 이어진 북쪽 경계는 전부 중국과의 경계로 이루어져 있다. 따라서 남북 분단으로 인해 남방을 향한 통로가 사실상 단절된 북한에게 대외관계에서 북한-중국이하에서는 북-중과 혼용 국경의 중요성은 매우 클 수밖에 없다.

북-중 국경은 과거 냉전시대에 정치·군사적으로 북-중 관계를 이어주는 연결지점으로서 매우 중요한 역할을 수행했다. 이 국경은 국공내전 시기1946~1949년에 중국공산당이 북한을 후방기지로 활용하고 또 북한이 중국공산당을 지원할 때 통로로서 중요한 기능을 하였다.[2] 거꾸로 한국전쟁 시기1950~1953년에는 중공군중국인민지원군이 궤멸상태에 빠진 북한 정권을 구원하기 위해 한반도로 발을 내디딘 횡단지점이었다.[3]

이후 북-중 국경은 간혹 양국 갈등으로 긴장에 휩싸인 적도 있었으나,[4] 대외적으로는 공고한 연대가 이루어지는 상징적 지점이었다. 한때는 양국이 국경의 범위를 둘러싸고 자칫 영토분쟁으로까지 이어질 수 있는 견해 차이를 보였으나, 국경조약 체결을 계기로 이 분쟁 요소를 원천적으로 제거하였다.

탈냉전으로 진영 간 대결이 종식된 후 북-중 국경이 지녔던 정치·군사적 연대의 상징 기능은 많이 약화되었다. 대신에 양국 간 경제적 협력지점과 탈북자 문제의 진원지라는 두 개의 이미지가 부각되었다. 북한은 경제난으로 촉발된 체제위기를 극복하기 위해 1990년대 초부터 북-중 국경 부근에 경제특구를 건설하고 중국과의 경제협력을 추구하였다. 그러나 북-중 경제관계는 북한의 심각한 경제난으로 인해 상호이익

2) 이종석. 『북한-중국 관계 1945-2000』 서울, 중심출판사, 2000, 45~121쪽 및 Lee Jong-Seok. "Struggling through times of darkness and despair: Korean Communists from the anti-Japanese resistance to the Chinese Civil War" in A. Brady & D. Brown (Eds.), *Foreigners and Foreign Institutions in Republican China*, New York, Routledge: 2013, pp. 251~267 참조.

3) 이종석. 앞의 책, 45~199쪽 참조.

4) 이종석. "문화대혁명시기 북한-중국 관계 연구" 《세종정책연구》, 2015-3, 성남, 세종연구소, 2015 참조.

을 추구하는 정상적인 협력관계가 아니라 중국의 북한에 대한 지원이라는 일방향의 성격을 벗어나지 못했다. 이마저도 북한의 핵 개발과 양국의 정치적 연대 약화로 인해 원활하지 못했다. 오히려 이 시기에 북-중 국경을 상징한 것은 두만강과 압록강을 건너는 북한 주민들의 '탈북러시'였다. 북-중 당국이 탈북을 막기 위해 국경에 대한 경비를 강화한 것도 이 시기부터였다. 그러다 보니 1990년대 중반~2000년대 초 북-중 국경은 비록 양국 간 분쟁이 발생하거나 긴장이 고조되지는 않았지만 '탈북현장'이라는 부정적 이미지로 부각되기도 하였다.

2010년 이후 북-중 국경은 양국 간 정상적인 경제협력과 교류가 늘어나고 국경을 통한 탈북러시도 주춤해지면서 '탈북코스'로서의 부정적인 이미지가 점차 옅어지고 협력 지점으로서의 기능이 부각되고 있다. 북한 역사를 기준으로 보면 김정일 사망 직전~김정은 정권 초기에 해당하는 이 시기에 들어서 북-중 교역이 크게 늘어나고 국경에서 양국 협력을 확대하기 위한 각종 기반시설 공사가 활발하게 진행되었다. 어쩌면 이때부터 북-중 국경이 양국 수교 60여년 만에 비로소 안보적 유대의 상징을 넘어서 경제협력의 가교로서 제 기능을 시작했다고 할 수 있다.

이처럼 북-중 국경은 양국 관계에서 중요한 역할을 수행해왔다. 그런데 북-중 국경의 중요성은 국경현장에서의 기능과 역할에만 머물지 않는다. 때때로 북-중 국경에서 일어난 일이 양국 관계 전반에도 크게 영향을 미친다. 예컨대, 북한과 중국은 1962년 10월에 백두산 천지를 반분하고 압록강과 두만강을 경계로 하는 국경조약을 맺었다. 그동안 양국이 국경획정을 둘러싸고 이견을 보여 왔기 때문에 이 조약은 양국 간 잠재적인 분쟁 요소를 제거함과 동시에 관계 발전의 중요한 계기가 되었다.

한편 북-중 국경에서 일어나는 일은 사안에 따라서 남한 국민을 포함하여 한민족 구성원 모두에게 첨예한 관심이 되기도 한다. 예컨대, 북-중 국경조약은 1712년에 조선과 청이 백두산정계비를 기준으로 불분명하게 국경을 나눈 뒤 수백년 간 지속되어 온 국경분쟁을 마무리 짓는 의미도 지녔다. 따라서 비록 한반도가 분단된 상황이기 때문에 북한이 '국경획정'이라는 주권사항을 단독으로 행사하였지만, 남한은 이에 고도로 민감한 관심을 갖지 않을 수 없다. 과연 북한이 한민족韓民族의 '정당한 영토권리'를 제대로 지켜냈는지는 북한을 넘어서 남한 사회에서도 예민한 관심사항이 아닐 수 없는 것이다. 아마 통일시대가 다가올수록 북-중 국경획정 전반에 대한 우리 사회의 관심은 더 커질 것이다.

2. 1차 자료를 찾아서

필자는 북-중 국경의 역사와 구조, 기능을 종합적으로 살펴보는 이 책을 집필하면서 역사적 서술과 비교연구, 문헌분석, 현장답사 경험 등을 두루 활용하였다. 그리고 서술의 근거가 되는 사실들은 가급적 1차 자료에서 인용하고자 노력하였다.

그러나 1차 자료에 근거해서 책을 썼지만 아이러니하게도 가장 어려운 일이 유용한 1차 자료를 구하는 것이었다. 북-중 국경과 관련한 사안은 그 중요성에도 불구하고 국경조약조차도 얼마 전까지 외부세계에 알려지지 않았을 정도로 미지에 가까웠다. 물론 이는 북한과 중국이 국경조약 체결 사실을 비밀로 했기 때문에 생긴 일이지만, 북-중 국경연구가 그만큼 어렵다는 것을 뜻한다. 북한과 중국은 그동안 양국 국경조약 뿐만 아니라 여러 분야에서의 협력 내용에 대해서도 좀처럼 공개하지 않았다. 북-중 국경현장에서 목격할 수 있는 국경통과지점口岸이나 교량, 수력발전소 중 어느 것 하나 관련 자료를 구하기가 쉽지 않았다. 기존에 발표된 관련 논문이나 저서도 매우 희소한 편이다.[5]

그러나 중국 사회가 개방화로 나아가고 민주화가 일정하게 진전되면서 중국 쪽에서 관련 내용이 조금씩 공개되기 시작했다. 무엇보다도

---

5) 이 책과 주제나 구성면에서 다르나 북-중 국경지역을 연구한 주목할 만한 저서로는 인문지리적 관점에서 접근한 이옥희, 『북·중 접경지역- 전환기 북·중 접경지역의 도시네트워크』, (서울, ㈜푸른길, 2011)이 있다.

1990년대 들어서서 중국에서 북-중 국경획정과 관련한 대강의 내용과 체결 경위를 보여주는 몇 개의 1차 자료가 발견되었다. 1990년대에 베이징에서 발간된 중국 국무원 총리를 지낸 저우언라이周恩來와 외교부장을 지낸 천이陈毅의 연보年譜,[6] 그리고 '문화대혁명' 당시 옌볜조선족자치주에서 발간된 몇 편의 문건들[7]이 그것이다. 필자는 이 문서들을 통해서 북한과 중국이 1962년 10월 12일에 평양에서 국경조약을 체결하고, 그에 기초해서 1964년 3월 20일에 국경에 관한 의정서를 교환했다는 사실을 학계 최초로 확인하였으며,[8] 나아가 양국이 천지를 반으로 나누기로 합의했으나 국경선 획정과정에서 천지 면적의 54.5%가 북한 경내에 속하게 되고 45.5%가 중국 경내에 속하게 되었다는 사실도 파악하였다.[9] 이렇게 해서 1990년대 후반에 이르러서는 북-중 국경획정 과정과 대강의 내용을 파악할 수 있게 되었다.

그러나 국경선 획정의 구체적인 과정이나 내용은 여전히 베일에 싸여 있었다. 그러다가 2000년 여름 북-중 국경조약을 비롯한 국경문제 관련 협정문을 실은 중국어판 조약집이 발굴됨으로써 국경연구의 기반이 마련되었다. 중국이 북한 및 소련, 몽골과 맺은 제반 협정을 실은 이 조약집[10]에는 "중화인민공화국과 조선민주주의인민공화국 간의 국경조약"中

---

6) 中华人民共和国外交部 外交史研究室编『周恩來外交活动大事记 1945-1975』, 北京, 世界知识出版社, 1993; 中共中央文献研究室编, 『周恩來年谱 1949-1976(上)(中)(下)』, 北京: 中央文献出版社, 1997; 劉树发 主编, 『陈毅年谱(上)(下)』, 北京, 人民出版社, 1995.

7) 홍위병 연길시 홍색반란대군 외. 《연변 당내의 자본주의 길로 나가는 가장 큰 집권파 주덕해의 매국 죄상》 중국 연길시, 1967년 7월 24일; 중국공산당 길림성위원회 길함[1978] 32호, 《주덕해동지에 들씌운 루명을 벗겨주며 그의 명예를 회복시켜줄데 관한 중국공산당 연변조선족 자치주위원회의 결정(1978년 6월 10일)》, 1978년 6월 16일.

8) 이종석. "냉전기 북한-중국 관계: 밀월과 갈등의 변주곡(1)·(2)" 《전략연구》, 1999년 제VI권3호 및 2000년 제VII권 1호(서울; 한국전략문제연구소).

9) 이종석. 『북한-중국 관계 1945-2000』, 227~236쪽.

10)『中朝, 中苏, 中蒙 有关条约, 协定, 议定书 滙编』. 中国 长春, 吉林省革命委员会外事办公室编印, 1974.6.

华人民共和国和朝鲜民主主义人民共和国边界条约, 1962.10.12., 이하에서는 '북-중 국경조약' 혹은 '국경조약'과 "중화인민공화국과 조선민주주의인민공화국 정부의 중조국경에 관한 의정서"中华人民共和国政府和朝鲜民主主义人民共和国政府关于中朝边界的议定书, 1964.3.20., 이하에서는 '북-중 국경에 관한 의정서' 혹은 '의정서', "중조국경에 관한 중화인민공화국과 조선민주주의인민공화국 조선정부의 회담기요"中华人民共和国政府代表团和朝鲜民主主义人民共和国政府代表团关于中朝边界问题的会谈纪要, 1962.10.3., 이하에서는 '국경문제 회담기요' 등이 실려 있었다. 바로 이 문건들을 통해 우리는 국경조약 체결을 위한 북-중간의 협의 과정과 조약 내용에 대해서 상세하게 알 수 있게 되었다.[11)]

이 조약집의 발견으로 북-중 국경의 획정 내용이 비교적 상세하게 알려지게 됨에 따라 북-중 국경 연구는 일정한 진전을 이루게 되었다. 그럼에도 불구하고 조약체결에 이르는 과정은 베일에 싸여 있었다. 즉, 양국이 국경문제를 둘러싸고 어떤 이견이 있었으며 이를 어떻게 해결해 나갔는지에 대해서는 여전히 거의 알려진 것이 없었다. 국경획정의 결과는 알게 되었으나, 그 경위는 미지의 영역으로 남아 있었던 것이다. 바로 이 부분을 상당 부분 채워주는 획기적인 연구가 2011년에 중국의 선쯔화·둥지에沈志華·董潔에 의해서 이루어졌다. 이들은 1950년대부터 북-중 국경조약 및 의정서 체결에 이르는 1960년대 중반까지의 중국 측 동향을 상세하게 추적한 논문[12)]을 발표함으로써 이 방면 연구 진전에 중대한 기여를 하였다. 아직 북한 측의 국경문제에 대한 인식과 국경협상에 임하는 전략을 직접 보여주는 1차 자료들은 발굴되지 않았으나, 선쯔화·둥지에의 연구로 북-중 국경획정 과정을 이전보다 심층적으로 규명할 수 있는 토대가 마련되었다. 이상의 자료와 선행연구를 활용하여 필자는 2014년 초에 북-중 국경획정 전반을 규명한 "북한-중국 국경획정에

11) 이종석. "1960년대 북한-중국간 백두산 국경획정 과정" 김정배·이서행 외 지음. 『백두산, 현재와 미래를 말한다』, 성남, 한국학중앙연구원 출판부, 2010, 91~92쪽.

12) 沈志華·董潔. "中朝邊界爭議的解解決(1950-1964년)" 《二十一世紀》, 雙月刊, 2011年 4月号(總 第一二四期), Hongkong, 中文大學, 2011.

관한 연구"를 세종연구소에서 출간하였다.[13)]

그런데 북-중 국경관련 자료는 이처럼 국경협정과 관련한 역사 자료만 구하기 어려운 것이 아니다. 북-중 양국의 국경관련 자료 비공개 관성은 국경 현장의 관련 시설들에도 대부분 그대로 적용되었다. 따라서 그동안 여행객들이 북-중 국경에서 목격하는 양국을 잇는 교량과 댐 등 기반 시설들의 역사적 연원이나 제원, 현황, 계획 등에 대해서도 정확한 정보를 파악하기가 매우 어려웠다. 특히 양국 협력사업과 관련한 내용은 거의 파악이 불가능했다. 관련 내용을 잘 아는 국경 현지 주민도 극히 드물었다. 그러나 다행히 최근 들어서 상황이 많이 나아졌다. 중국정부가 행정의 공개화와 투명화를 지향하면서 중국 지방정부의 인터넷사이트에 국경과 관련한 다양한 사업계획이나 진행상황, 공보기사 등이 실리기 시작했다. 이중에는 1차 자료의 성격을 지닌 의미가 있는 것들도 꽤 있다. 바로 여기서 구한 자료 덕분에 최근 북-중 교류의 실상을 분석하고 미래를 전망하는 것이 과거보다 훨씬 쉬워졌다.

그런데 원론적으로 얘기하자면 북-중 국경연구는 올바른 내용 구성을 위해 중국자료 못지않게 북한 자료도 충분히 활용해야 한다. 그러나 국경관련 북한 자료는 역사문헌은 물론이거니와 최근 자료도 공개된 것이 거의 없다. 내부 자료에 대한 접근은 더더욱 불가능하다. 따라서 부득이 이 책의 내용을 구성하는 기초자료는 대부분 중국 자료에 의존할 수밖에 없었다. 그렇기 때문에 혹자는 이 책이 은연중에 중국 측 시각을 담고 있을 수 있다고 우려할 수도 있다. 필자도 집필과정에서 그 점을 스스로 경계하였다. 다행히 필자가 활용한 중국 자료들은 대부분 협정이나 의정서, 혹은 대화록, 연보, 정부계획 등과 같은 사실 구성에 근거가 되는 1차 자료들이었다. 즉 사실 확인을 위한 자료 활용이 대부분이었기 때문에 상대적으로 중국 시각에 경도될 위험성은 그만큼 적었다고 생각한다. 1차 자료를 구할 수 없을 때는 일부 존재하는 중국 연구

13) 이종석. "북한-중국 국경획정에 관한 연구" 《세종정책연구》, 2014-4, 성남; 세종연구소, 2014.

결과를 인용하였는데, 이 경우 가급적 1차 자료에 근거한 신뢰할 만한 중국의 연구 결과를 인용하고자 하였다.

결론적으로 아직도 북-중 국경연구를 저술할 만큼 충분한 자료는 발굴하지 못했지만, 지금까지 살펴본 것들을 활용하고 지난 20년간의 필자의 연구결과와 국경답사 경험을 종합하면 기본 안내서는 만들 수 있다고 봐서 이 책을 집필하게 되었다.

제2장

북-중 국경을 둘러싼 갈등과 담판의 역사

제2장

북-중 국경을 둘러싼 갈등과 담판의 역사

1. 조선-청 간 경계를 둘러싼 시비

1) 백두산정계비 설치

한반도를 삶의 근거지로 하는 주권국가와 중국대륙을 장악한 국가가 합의에 의해 최초로 국경을 나눈 것은 18세기 초반이었다. 만주족이 세운 청淸왕조는 중국의 변경邊境을 정리하는 데 큰 관심을 쏟았으며 영토에 대한 인식도 과거 왕조들과 크게 달랐다. 청 왕조는 황하 중하류를 중심으로 하는 중원中原을 중국으로 인식하던 이전의 왕조들과는 달리, 자신의 직접적인 통치 영역인 중국中國의 범위를 크게 확장시켰다.[14] 그리고 확장된 강역疆域 개념에 기초해서 중국과 그 밖의 나라들 사이의 경계를 분명히 하고자 변계邊界 확정을 추진하였다. 근대적 의미의 국경 개념과 완전히 일치하지는 않지만 청 왕조는 당시 변경에서 주변 세력과 마찰을 피하고 인구유동을 통제하기 위해 강역 확정을 추진한 것이다.

청의 강희제康熙帝는 먼저 1689년에 러시아와 북동부 국경을 확정 짓

14) 孙喆. "从《中俄尼布楚条约》到长白山定界-兼论清初的"天下"与"中国"观念" 동북아역사재단. 『백두산 근대국경과 백두산정계비』, (백두산정계비 건립 300주년 기념 학술회의 자료집), 서울, 2012, pp. 50~63.

는 네르친스크 조약을 맺었다. 이어서 1712년에 숙종이 통치하던 조선과 압록강 및 두만강으로 나뉘는 경계를 확정하고 그 기점起點을 표시하기 위해 백두산에 정계비定界碑를 세웠다. 비슷한 시기인 1726~28년에는 베트남과도 정계비를 세워 자신의 통치범위를 확정하였다.

조선과 청 사이에 경계가 정해지고 백두산에 정계비가 세워지는 과정은 청의 주도로 이루어졌다. 17세기 후반에 청은 만주족인 자신들의 본거지 보호를 위해 심양瀋陽 동쪽 일대에 광범위한 봉금封禁지대를 설정하여 한족들의 개간과 거주를 금하였다. 조선도 주민들이 이곳에 들어가는 것을 막기 위해 두만강, 압록강 건너편 청나라 지역에 대한 왕래를 금지하였다. 그러나 백두산과 압록강, 두만강 연안의 산림지대에서 많이 나는 삼蔘과 동물가죽貂皮, 초피 등의 수요가 늘어나면서 이를 구하기 위한 지역주민들의 활동이 꾸준히 증가하였다. 그리고 이로 인해 이 지역에서 조선과 청의 주민들이 서로 접촉하는 일이 잦았으며 충돌도 빈번히 발생하였다. 이에 청은 1712년 오라총관烏喇摠官 목극등穆克登을 조선과의 경계지역에 보내 조선 측에 함께 경계를 조사하여 국경을 정하자고 제안하였다. 청의 제안에 조선은 압록강과 두만강, 백두산 이남을 강역으로 확보하기로 방침을 세우고 이에 응하였다.[15] 조선의 경우 백두산 일대와 압록강·두만강 상류지역은 양국민의 접촉이나 충돌을 막기 위해 주민들의 거주를 제한하고 있던 곳이었다. 더구나 지세가 험하여 파수처把守處나 읍邑, 진鎭이 모두 백두산 남쪽에 있었다. 따라서 조선은 청나라가 파수처를 기준으로 두만강과 백두산, 압록강의 훨씬 남쪽에 경계를 정하자고 주장할 가능성을 우려하였다. 다행히 조선의 접반사 박권이 양국의 경계는 백두산과 압록강, 두만강이라고 말하자 목극등은 이를 그대로 인정하였다. 조선 측은 파수처가 백두산 남쪽에 있는 까닭에 대해서도 청이 조선의 국경에 접한 변방지역인 책문柵門 밖에 파수처를 두지 않는 것과 마찬가지라고 설명하여 청의 동의를

15) 강석화. "백두산 정계비와 간도" 김정배·이서행 외 지음. 『백두산, 현재와 미래를 말한다』, 성남, 한국학중앙연구원 출판부, 2010, 66~67쪽.

받았다. 이처럼 압록강과 두만강, 백두산을 경계로 조선과 청의 국경을 나눈다는 데에는 어렵지 않게 합의하였다.[16] 그러나 경계확정을 위해 압록강과 두만강의 정확한 수원水源을 확인해야 했는데, 이 과정에서 문제가 발생하였다. 무엇보다도 수원 확인 작업이 공동으로 이루어지지 못했다. 목극동은 수원 확인을 위해 백두산에 오를 때 조선 접반사의 동행을 거부하고 조선인 역관 및 군관들만 대동하였다. 그리고 백두산에 올라 압록강과 토문강土門江의 수원을 확인하고 자신이 정한 이른바 분수령分水嶺 위에 두 나라의 경계는 '서쪽은 압록강, 동쪽은 토문강西爲鴨綠, 東爲土門'이라는 내용의 정계비를 세웠다. 여기서 훗날 토문강이 구체적으로 어느 강을 지칭하는지가 중요한 쟁점이 되었으며, 이에 대해 여러 주장이 있으나 적어도 1712년 당시에는 조선과 청 모두 '토문강은 두만강'이라고 인식하였다.[17] 목극동이 경계를 확정한 현장에서도 두만강과 토문강은 혼용되었다.

왼쪽하단은 백두산정계비(현재는 소실) 오른쪽은 정계비 터에 북한이 세운 표석

16) 강석화, 앞의 논문, 67쪽.
17) 강석화, 앞의 논문, 68쪽.

그런데 백두산 천지에서 직접 발원하는 물줄기는 천지 북쪽 방향으로 낙하하는 장백폭포뿐이며, 이 물줄기는 만주대륙을 가로질러 흐르는 송화강의 발원지이다. 압록강과 두만강은 백두산에서 발원하기는 하나 천지에서 직접 흘러내리는 강은 아니다. 그러다 보니 목극동이 압록강과 두만강의 분수령이라고 판단하고 정계비를 세운 곳은 백두산 정상이 아니라 천지의 동단東端, 즉, 지금의 북한 영토 내 대연지봉과 천지를 에워싼 봉우리 중의 하나인 장군봉 사이에 위치했다. 18세기 중엽 고산자 김정호가 제작한 대동여지도大東輿地圖의 백두산 일대 지도첩에도 정계비의 위치가 분명하게 표시되어 있다. 현재 정계비 터는 북한 쪽에서 장군봉을 오르기 위해 버스를 타는 주차장 한 모퉁이에 위치해 있다.

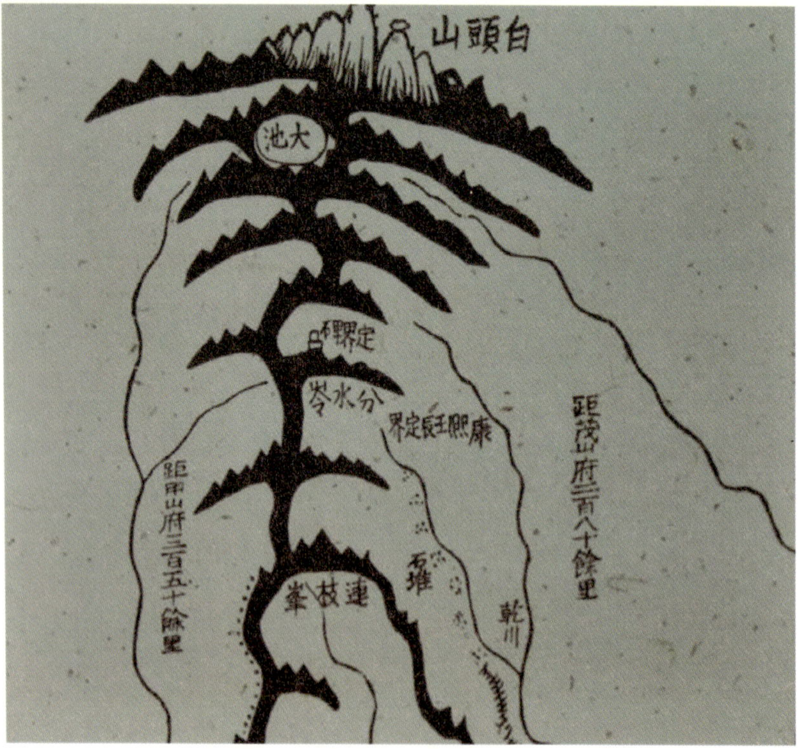

백두산정계비의 위치를 보여주는 대동여지도의 백두산 일대

한편 접반사 박권이 쓴 『북정일기北征日記』에 따르면 백두산에 올라 목극동과 함께 조청朝淸 국경을 확정하지 못한 그는 정계비를 세운 전말을 전해 듣고 목극동이 동쪽의 경계로 삼은 수원水源이 두만강이 아니라 대홍단수大紅丹水라고 주장하였다. 그는 목극동에게 다시 두만강 합류처를 살피고 여기서 거슬러 올라가 그 경계를 정하자고 제안했으나 받아들여지지 않았다.[18] 숙종실록은 이 문제가 뒤에 조선 조정에서도 여러 차례 논란거리가 되었음을 자세하게 기록하고 있다.

그런데 목극동도 곧 자신이 지정한 토문강으로 흐르는 물줄기가 중간에 끊어져서 땅 속으로 흘러 토문강까지의 경계가 분명치 않다는 것을 알게 되었다. 홍세태洪世泰의 『백두산기白頭山記』에 따르면 목극동은 백두산에서 내려와 박권 등에게 토문강의 원류가 끊어진 곳에서는 담이나 울타리를 쌓아서 그 아래 수원을 표시해야 한다고 말했다.[19] 실제 조선은 정계비에서 두만강 원류까지 물이 흐르지 않는 지역에 경계 표시로서 흙더미토퇴, 土堆를 쌓았다.[20]

이처럼 목극동은 정계비에서 동쪽으로 흐르는 물줄기를 두만강의 수원으로 잘못 짚었다. 목극동의 이런 실수에는 압록강의 경우 하류에서 거슬러 올라가며 확인한 반면 두만강은 산줄기를 따라 내려오는 도중에 수원을 찾으려 한 답사경로 상의 문제도 영향을 미쳤다. 본래 정확

18) 『백두산정계비 자료집』. 동북아역사자료 총서 6, 서울, 동북아역사재단, 2006, 17~18쪽.

19) 『백두산정계비 자료집』. 19쪽.

20) 국내연구에 따르면 이마저도 공사를 맡았던 조선의 관리들이 잘못 짚어 당시 토퇴(土堆)가 연결된 것이 두만강 원류가 아니라 송화강으로 연결되는 물줄기였다고 한다.(강석화. "백두산 정계비와 간도", 72쪽) 그런데 최근 중국 조선족 연구자인 이화자 박사가 이 토퇴가 실제 두만강까지 이어져 있음을 현지답사를 통해서 확인하고 관련 답사 및 연구내용을 국내 학술지에 기고한 바 있다. (이화자. "중국·북한 국경 답사기- 백두산 토퇴군(土堆群)의 새로운 발견" 《문화역사지리》, 제24권 제3호(2012), 한국문화역사지리학회, 140~159쪽) 필자는 이 박사가 어려운 여건을 극복하고 실사구시의 자세로 답사를 해서 이 방면의 연구를 상당히 진전시켰다고 생각한다. 그럼에도 불구하고 현재 이 문제가 지닌 예민함을 고려할 때 이 박사 연구를 확인하기 위한 남북한과 중국학자들의 공동답사가 필요하다고 본다.

한 수원을 확인하려면 박권의 주장처럼 두만강 본류에서 시작하여 상류로 올라가면서 발원지를 찾아야 했지만, 목극동은 이를 소홀히 하고 백두산 동쪽에서 발원하는 물줄기는 모두 계속 동류하여 두만강에 다다를 것이라고 착각하였고 그로 인해 이 가운데 하나를 두만강 수원으로 정한 것이다.[21)]

이렇게 해서 비록 현대적 의미의 국경과는 다소 의미가 다르지만 조선과 청 사이에는 양국 합의의 국경선이 설정되었다.

한편 조선과 청은 정계定界 이후에도 토문강과 두만강을 자주 혼동하여 썼다. 예컨대, 1757년영조33년에 청 예부는 국경을 침범한 조선인을 심문하는 과정에서 두만강이 무엇을 가리키는지를 묻는 자문[22)]咨文을 조선에 보냈는데 조선은 이에 대해 "두만과 토문은 같은 것이며 하나의 강에 두 이름이 있는 것"이라고 회답하였다.[23)]

2) 조선-청 간 국경분쟁(간도문제) 발생과 경과

18세기 초에 이미 경계를 획정한 조선과 청 사이에 크고 작은 국경분쟁이 본격적으로 발생한 것은 19세기 후반부터였다. 18~19세기에 걸쳐 압록강, 두만강 일대의 개발이 이루어지고 강변 거주인구가 늘면서 조선 사람과 청나라 사람 간 접촉이 잦아지고 서로 충돌하거나 국경을 침범하는 사례도 증가하였다. 특히 19세기 후반 이후 조선에서 전국적으로 환곡의 폐해가 심해지는 등 주민생활이 피폐해지자 함경도와 평안도 북변의 농민들이 압록강과 두만강을 건너 농사를 짓고 아예 이주하는 경우가 점차 늘어났다. 조선 조정은 이들의 월강행위에 대해 책임을 묻

21) 강석화, "백두산 정계비와 간도", 69쪽. 두만강 원류와 정계비 사이를 흐르는 하천이 실상 없었기 때문에 이후 이 정계비가 의미하는 토문강이 두만강이 아니라 송화강이라는 주장이 대두하게 되었다.

22) 같은 계급의 관청 사이에 오가는 공문서를 이르는 말이다.

23) 『同文彙考』卷 57, 犯越編. 乾隆 22年 12月, 강석화, "백두산 정계비와 간도", 68쪽에서 재인용.

지 않는 대신에 귀환시키려 했으나 돌아온 경우는 거의 없었다. 당시 청나라는 쇠약해져서 이 지역에 대한 통제력이 매우 미약했다. 따라서 그 틈을 이용하여 조선인 이주자들의 정착이 확대되었다. 청나라 사람들도 19세기 전반에 조정이 만주 개발을 적극 추진하면서 압록강 일대까지 이주하기 시작했다. 그러나 두만강 일대에서는 중국지역에서도 여전히 조선인들의 수가 우세하였다.[24)]

1877년 만주 개발을 추진하던 청은 국자가局子街, 현재의 延吉市에 초간국招墾局을 설치하고 간도 지방에 대한 청나라 사람들의 이주개간을 장려했으며, 조선인들에게도 귀화를 요구하였다. 또 1882년에는 이 지역 조선인들을 모두 청의 국적에 편입하겠다는 방침을 일방적으로 고시하였다. 그러자 한동안 아무런 제지도 받지 않고 두만강을 건너와 거주하던 조선인 주민들이 반발하였다. 이때 일부 조선인들이 직접 백두산에 올라 정계비의 내용을 확인한 후 두만강과 토문강은 별개의 것이므로 정계비의 문구대로 조선과 청의 경계는 토문강으로 해야 한다고 주장하였다. 이들은 '두만강과 토문강을 구별하지 못하고 두만강 이북 지역에 대한 행정권을 행사하려는 청'의 시도를 저지해달라고 조선 조정에 청원하였다.[25)]

이처럼 조-청 국경지방에서 현지 거주민들 사이에서 분쟁이 발생하고 있던 상황에서 중앙정부 차원에서도 국경문제가 발생하였다. 1883년 조선과 청이 전년(1882년)에 체결한 『조청상민수륙무역장정』에 따라 북방 국경지대의 육로통상 원칙을 논의하던 중 두만강 이북지역, 즉 간도지방의 영토귀속 문제가 제기된 것이다.[26)] 조선과 청은 그동안 내려오던 개시開市무역을 철폐하고 대신에 변경지대에서 새로운 육로통상 규정을 적용하기 위해 현지를 답사하기로 하였다. 극히 제한된 특정지역에서 공무역만이 가능했던 개시무역을 혁파하고 양국은 변화된 무역 방식에 따

24) 강석화. 앞의 논문, 82~83쪽.

25) 강석화. 앞의 논문, 84쪽.

26) 고승희. "1880년대 조·청 감계 협상과 국경문제인식" 동북아역사재단편. 『근대 변경의 형성과 변경민의 삶』, 서울, 2009. 104쪽.

라 국경 현장을 직접 찾아 조사하게 된 것이다. 즉 기존의 개시무역은 청의 관원과 그들이 이끌고 온 상단을 조선이 접대하고 물자를 증여하는 형식이었으며, 이는 모두 중강, 회령, 경원 등 조선 땅에서 이루어졌다. 그러나 새로운 육로통상은 양측에 교역장소를 지정하고 상인들이 상호 왕래하는 것이었다. 이에 조선은 기존에 개시가 열렸던 압록강변의 중강과 두만강변의 회령, 경원을 무역장소로 정했다. 그러나 청은 새롭게 압록강, 두만강변에 무역장소를 정해야 했다.[27] 바로 이 과정에서 조선 정부가 월경 조선인 처리문제와 국경 문제를 청에 제기할 수 있는 공간이 마련되었다.

1883년 초 조선의 고종은 청과 육로통상 문제를 논의하기 위해 어윤중에게 서북경략사西北經略使라는 직함을 주어 현지에 파견하였다. 고종은 어윤중에게 통상문제뿐만 아니라 월경지대 조선인에 대한 현황 파악과 청나라 땅으로 간 유민의 쇄환刷還과 월경 방지를 위한 육진 지역의 폐단 시정 임무를 함께 맡겼다.[28] 그런데 두만강 이북에 거주하던 조선 주민들이 함경도를 방문한 어윤중과 청나라 관원에게 백두산정계비를 근거로 제시하며 양국의 경계는 두만강과 다른 강인 토문강이라고 주장하였다. 그들은 이 강이 만주 지역을 흐르다 조선의 함경도 온성 부근에서 두만강에 합류하는 조선과 청을 가르는 '분계강分界江'이라며 이 강 이남에서 조선인 거주와 농경을 허락해달라고 청원하였다.[29]

주민들의 청원을 받은 어윤중은 사람을 보내 백두산정계비와 정계의 근원을 탐사하도록 했는데, 그 결과 그도 분계강의 존재를 확신하고 이를 조정에 보고하였다.[30] 그러나 어윤중은 두만강을 국경으로 하는 청의 기존 국경 인식에 문제가 있다고 판단했으면서도 정작 청과는 토문

27) 고승희. 앞의 논문, 110~111쪽.

28) 『高宗實錄』권 19, 고종 19년 10월 12일; 『承政院日記』 고종 19년 12월 10일, 고승희. 앞의 논문, 109쪽에서 재인용.

29) 고승희. 앞의 논문, 113쪽 및 116~117쪽. 이러한 조선 주민들의 주장과는 반대로 청나라는 일관해서 두만강이 토문강이라는 입장을 가지고 있었다.

30) 고승희. 앞의 논문, 113~114쪽.

강이 두만강임을 전제로 한 '회령통상장정'을 체결하는 모순을 범하였다. 이는 그가 회담장에서 청나라 대표에게 국경과 관련하여 아무런 문제 제기를 하지 않았다는 뜻이다.

그런데 우리가 냉철하게 짚어보면 사대조공질서事大朝貢秩序 속에서는 조선이 청에게 국경문제를 자주적으로 제기하는 것은 상상하기 어려운 일이었다. 그런데 어떻게 이런 일이 발생할 수 있었을까? 추측컨대, 19세기 말에 이르러 청의 국력이 쇠락하고 동시에 조선이 제국주의 세력의 동진 속에서 대청 자주노선을 추구하던 시기였기 때문에 이러한 문제 제기가 가능했을 것이다. 조선도 쇠락하고 있었지만 고종은 당시 격변하는 정세 속에서 그동안 사대로 눌려왔던 청나라에 대해 자주, 자강의 의지를 가지고 있었다. 따라서 고종은 어윤중의 보고를 받고 청나라에 국경 조사를 제안하도록 지시하였다.

이러한 상황에서 1885년 7월 청나라가 토문 감계勘界문제로 관원을 파견한다고 통보하자, 고종은 안변부사 이중하를 토문감계사로 임명하여 이에 응하도록 하였다.[31] 1차 감계협상이 시작되었으나 서로의 주장이 어긋나 결렬되었다. 청은 조선과 청의 동쪽 경계는 두만강이며, 감계의 주목적은 두만강 강역을 확인하는 것이라는 입장에서 협상에 임했다. 반면 조선이 어떤 협상원칙을 가졌는지 분명하지 않으나, 추측컨대 어윤중의 보고를 기초로 하여 '두만강 이북 분계강을 국경으로 설정하자'고 주장했을 것이다.[32]

그러나 조선 정부는 토문강이 두만강과 별도의 분계강이라는 자신의 주장이 오류라는 것을 곧 알았다. 이중하는 청을 설득시킬 자료를 찾기 위해 정계비 설립 당시의 자료를 조사하다가 북병영에 보관되어 있는 『강희임진정계등록康熙壬辰定界謄錄』을 통해 백두산 정계定界 당시에 두만강을 경계로 하였다는 사실을 확인하였다. 비변사備邊司 관문關文에 '토문강은 화음華音으로 곧 두만강'이라고 한 사실이 기록되어 있었던

31) 고승희. 앞의 논문, 120쪽.

32) 고승희. 앞의 논문, 120~121쪽.

것이다.[33] 사실 조선 후기 최고의 지리학자였던 김정호金正浩, 1804~1866 추정가 직접 발로 뛰어 만든 대동여지도를 보아도 조선과 청의 국경이 두만강이라는 것은 쉽게 알 수 있다.

두만강이 조선-청 간의 경계선임을 보여주는 대동여지도의 함경도 일대

이중하는 이 사실을 조정에 보고했으며, 이에 따라 조정의 입장도 바뀌게 되었다. 따라서 1886년 9월 청의 위안스카이袁世凱가 재감계를 요구하는 조회照會를 조선 조정에 보내오자 외무독판 김윤식은 두만강과 토문강이 다른 강이라는 기존의 주장을 철회하고 감계를 위해 따로 관

33) 고승희. 앞의 논문, 122쪽.

리를 파견할 필요가 없다는 입장을 표명하였다. 그러나 청의 감계 목적이 조선 유민 문제를 해결하고자 하는 것이었기 때문에 그들은 거듭 감계를 요구하였으며 결국 조선은 재감계에 응하게 되었다. 이때 조선은 협상원칙을 재조정하여 두만강 수원의 확정과 두만강 이북에 정주定住한 조선인 유민의 소환을 2차 감계에서 해결해야 할 과제로 설정하였다.[34] 이때부터 조선과 청 사이에 백두산정계비에서 시작하여 두만강이 시작되는 지점까지 물이 흐르지 않는 육지 경계를 획정하기 위한 두만강 원류 찾기가 국경문제의 핵심 쟁점으로 떠오르게 되었다.

2차 감계협상은 1887년 4월에 시작되었다. 이중하는 기존의 두만강과 토문강이 다른 강이라는 주장의 잘못을 시인하고 감계의 목적이 옛 경계를 확인하는 것이므로 백두산정계비에서 토문강이라고 지적한 수원水源과 두만강과 연결되는 지점을 확인하여 비를 더 세우자고 제안하였다. 또 백두산정계비가 두만강 수원에 세워지지 못했기 때문에, 목극동의 요청에 따라 조선에서 설치한 경계로부터 가장 가까운 곳에 위치한 홍토산수를 경계로 하자고 제의하였다. 그러나 청은 백두산정계비의 위치는 조선인이 옮긴 것이고, 정계비는 변경지역을 조사한 사실을 알려주는 것일 뿐 정계의 증거가 될 수 없다며, 두만강의 수원으로 조선 내지內地에서 발원하는 서두수를 지목하였다. 이에 조선이 강하게 반발하자 청은 홍토산수의 지류인 석을수를 지목하여 수원으로 삼자고 입장을 바꾸었다. 양국의 입장이 맞서면서 합의점을 찾지 못하자 이중하와 청의 관원은 이 문제에 대해 홍토수와 석을수가 합류하는 지점 이상을 그림으로 그려 총리아문에 보고하여 처리하는 선에서 봉합하였다.[35] 그러나 감계협상은 더 이상 재개되지 않았다.

그런데 조선과 청의 국경분쟁은 백두산 일대와 두만강 이북 지역에 국한되지 않았다. 대한제국 시기에 들어서서 압록강 하구의 유인도를 둘러싸고도 양국 간에 긴장이 감돌았다. 예컨대, 압록강 하구에 위치한

34) 고승희, 앞의 논문, 123~124쪽.
35) 고승희, 앞의 논문, 128쪽.

300만 평에 달하는 황초평黃草坪, 지금의 황금평에서는 일찍이 조선인들이 이 섬을 개간하였으나 청나라가 강제 점유하면서 분쟁이 발생하였다.[36] 아마 오늘날 압록강 하구에서 가장 큰 섬이 되어 중국 연안에 거의 접하고 있는 비단섬이 당시 존재했다면 마찬가지로 분쟁이 발생할 가능성이 매우 높았을 것이다. 그러나 그때까지만 해도 비단섬에 대한 퇴적이 본격적으로 일어나기 전이었기 때문에 이 섬은 조선의 유인도인 신도 근처에 있던 작은 사주에 불과했다.

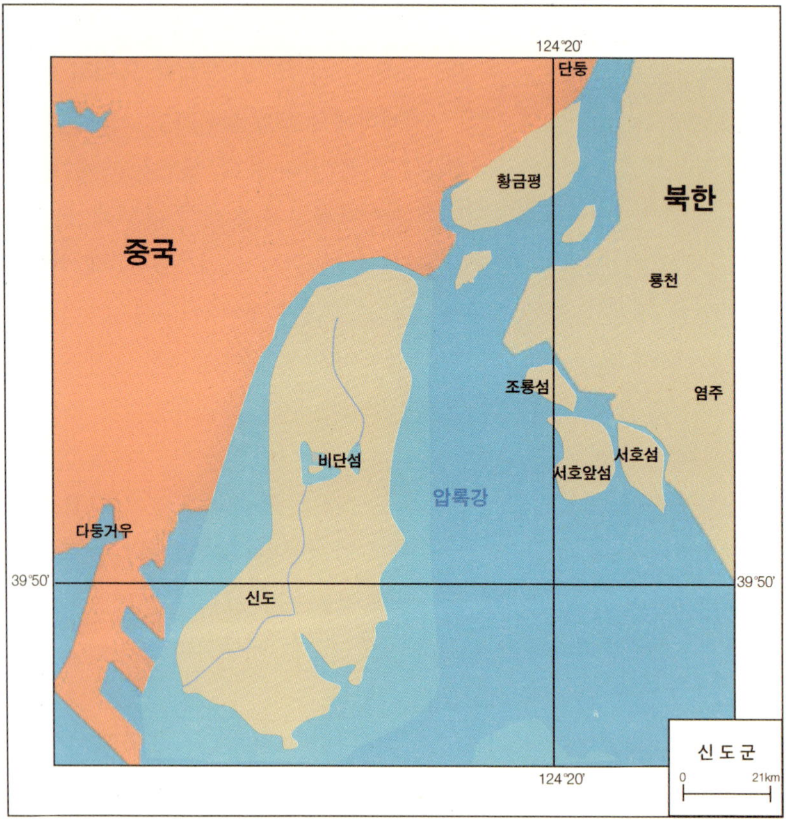

황금평과 비단섬의 현재 위치(북한지도)

36) 『龍川港案』奎. 17,874, (1906년, 서울대 규장각 보관) 참조.

3) 일본의 조선 강점과 간도협약

조-청 국경 문제는 대한제국 말기에 이르러 일본의 조선 강점이 시작되면서 한 차례 커다란 굴절을 겪었다. 간도협약이 그것이다. 조선인들이 집중적으로 거주하던 두만강 이북 지역인 간도가 조선의 영토라는 문제 제기가 국제적 쟁점이 된 것은 러일전쟁 승리를 계기로 조선을 강제 점령한 일본 제국주의에 의해서였다. 그리고 거꾸로 간도가 청의 땅이라는 것을 조약으로 인정한 것도 일본이었다.

일본은 간도 거주 조선인들의 '분계강' 주장을 자신의 제국주의 침략의 도구로 이용하였다. 1904년 2월 러-일 전쟁이 발발하고 일본 군대가 조선에 무단으로 주둔하자, 청나라는 국경지대인 압록강, 두만강 일원에서 충돌사태를 예방하고자 대한제국에 양국이 관원을 파견하여 국경을 확정하기 위한 감계교섭을 하자고 제안하였다. 그러나 이미 조선을 강점한 일본은 고종에게 러-일 전쟁이 끝난 뒤 일본의 중재로 문제를 해결하라고 압력을 가하였으며, 청나라에도 감계교섭의 일시적 중단을 요구하였다.[37)]

일본은 러-일 전쟁에서 승리하자 조선에 대한 지배권을 더욱 강화하면서 조선지배와 만주침략, 러시아 견제전략의 관점에서 간도문제에 접근하기 시작했다. 간도에 대해 일본은 군사적으로 반드시 확보해야 할 요지라는 군부의 입장에 따라 초기에는 간도가 자신이 강점하고 있는 한국의 영토라는 입장을 보였다.

그러나 1908년 9월 일본 내각회의는 '한국의 간도 주장은 근거가 희박하며 청한淸韓 교섭의 역사와 청이 한국보다 먼저 행정을 그 지방에 실시한 사실에 비추어 볼 때, 두만강이 양국의 국경이라는 사실에 의심할 여지가 없다'며 기존 입장을 바꾸어 간도의 '한국 영토' 주장을 포기하였다. 물론 일본이 그냥 이 주장을 포기한 것이 아니었다. 일본은 이

37) 아키즈키 노조미, "화이질서에서의 경계지대와 국제법적 '국경'", 동북아역사재단편, 『근대 변경의 형성과 변경민의 삶』, 서울, 2009, 305~306쪽.

러한 입장 변화를 대청 외교에서 이권을 챙기는데 유리한 교섭재료로 이용하는 쪽으로 방침을 바꾸었다. 이러한 일본의 태도 변화는 국제법적으로 간도 영유권을 주장할 수 있을 만큼의 근거는 없지만 청과 거래하는 재료로서는 가치가 있다는 판단 아래 이루어진 것으로 보인다.[38)]

그런데 일본의 간도 영유권 관련 입장 변화는 그들이 단순히 법리적 불합리성에 승복해서 발생한 것이 아니다. 그것은 다른 한편으로 당시 중국을 향한 서구 제국주의국가들과 일본과의 세력관계 속에서 조정된 결과이기도 했다. 즉 간도 문제를 제기하여 이를 발판으로 만주 침략의 기회를 엿보던 일본정부가 자신의 행동에 대항한 독·미·청 3국 동맹 성립 가능성이라는 역풍을 맞게 되자 청의 영토보전을 인정하고 간도에 대한 영유권 주장을 포기하지 않을 수 없었기 때문에 입장 변화를 택한 것으로 볼 수 있다.[39)]

결국 일본은 1909년 9월 북경에서 청과 『도문강중한계무조약圖們江中韓界務條約』을 맺었다.[40)] 간도협약으로 불리는 이 조약은 대한제국과 청나라의 동쪽 국경은 두만강을 경계로 하며 백두산에서의 경계는 정계비-석을수石乙水-두만강으로 한다는 내용을 제1조에 담고 있다. 여기서 백두산 일대의 경계획정은 2차 감계협상의 연장선에서 이루어진 것으로 보이는데, 유감스럽게도 백두산 천지 남단에 위치한 정계비에서 조선 영토 안으로 흐르는 석을수를 경계로 함으로써 백두산 천지와 백두산 16개 봉우리가 모두 청에 속하게 되었다. 일본은 이처럼 청의 간도영유권을 인정하는 대신에 남만주의 철도부설권을 획득하는 등 만주에서 약탈적 이권을 챙겼다.

그러나 간도협약은 국권상실 시대에 대한제국이 배제된 상태에서 맺어진 조약으로 법리적으로 무효이며, 대한민국 정부는 지금까지 이러한

---

38) 아키츠키 노조미. 앞의 논문, 307~314쪽 참조.

39) 최덕규. "제국주의 열강의 만주정책과 간도협약(1905~1910)" 동북아역사재단편 『근대 변경의 형성과 변경민의 삶』, 서울, 2009. 참조.

40) 김춘선. "'간도협약' 체결 전후 북간도 지역 한인사회" 동북아역사재단편. 『근대 변경의 형성과 변경민의 삶』, 서울, 2009. 205~206쪽.

입장을 견지해왔다.[41] 그런데 이 협약이 무효라는 것이 한국에게 간도 영유권이 있다는 뜻은 아니다. 일본이 한국의 간도영유권을 주장하고 또 포기한 것은 실사구시적인 논거와는 거리가 먼 그들의 제국주의 침략 정책의 일환이었다. 따라서 당시 일본의 주장에 바탕을 두고 간도 문제를 보는 것은 어느 쪽이건 상관없이 합리적인 태도가 아니라고 할 수 있다.

2. 북한-중국 간 국경협상의 전망

1) 북-중 국경협상 개시의 배경

일제 패망 후 한반도 북부와 중국 대륙에는 각각 북한 정권조선민주주의인민공화국, 1948년과 중국공산당 정권중화인민공화국, 1949년이 수립되었다. 이때부터 공식적으로 북-중 관계가 시작되었다. 북-중 관계는 초기부터 국경을 둘러싼 갈등을 안고 출발하였다.

그동안 자연 경계를 이루어온 압록강과 두만강 일대에서는 강 위에 있는 섬의 소유 문제를 둘러싸고 사소한 분쟁이 끊이지 않았다. 두만강의 경우 중국공산당 옌볜지위延邊地委는 일찍이 1948년 8월에 작성된 문건에서 중국과 북한의 국경이 두만강을 경계로 나뉜 것은 역사적, 자연 지리적 요인에 의한 것으로 대체로 문제가 없으나 일부 지역에서 강의 지류가 바뀌거나 새로운 지류가 생김에 따라 양국의 연안마을과 토지가 뒤섞여 분쟁이 발생하고 있으며 이를 막기 위한 대책이 필요하다고 기술하였다.[42]

압록강 하류의 경우 일찍이 조선인들이 정착한 유인도 중 황금평과

41) "반외교 "간도협약은 무효"" 《노컷뉴스》, 2004년 10월 22일.

42) 延邊地委(1985, 未刊)"關于延邊民族問題" (1948.8.15.) 延邊朝鮮族自治州檔案局(館) 編. 『中共延邊吉東吉敦地委延邊專署重要文件匯編』, 第一集, pp. 387-388, 沈志華·董潔. "中朝邊界爭議的解決(1950-1964년)", p. 36에서 재인용.

어적도 등이 하상변화와 퇴적 등으로 중국 쪽 강변에 거의 접할 만큼 가까워져 있었다. 따라서 이런 섬들의 소유 문제를 두고 현지에서는 양국 간 긴장이 조성될 수밖에 없는 상황이었다. 오늘날 북-중 국경을 여행하는 사람들은 압록강 하류에 위치한 중국 단둥시와 사실상 붙어버린 이러한 북한 섬들을 여러 곳에서 볼 수 있다.

중국 강변도로와 맞붙은 북한의 황금평(2016.8)

중국 호장산성에서 내려다본 어적도와 북한의 국경경비초소(붉은 원, 2016.8)

백두산 일대의 경계를 둘러싼 갈등은 더 심각했다. 북한은 간도협약으로 천지가 몽땅 중국으로 귀속된 상황을 인정하지 않았으며, 백두산

영유권에 대해서 강력한 의지를 보였다. 북-중 국경협상 이전부터 조선중앙연감 등 공식 출판물들은 이미 천지를 북한 영토로 기정사실화해서 서술하였다. 조선중앙연감은 우리나라 주요 호수를 소개하면서 첫 번째로 천지를 명기하였다.[43] 북한은 백두산이 우리 민족의 성산이며 조종의 산이라는 인식을 강하게 가지고 있었다. 뿐만 아니라 김일성과 북한 지도부 인사 상당수가 백두산 일대에서 항일 빨치산 투쟁을 전개한 경험을 가지고 있었다. 따라서 북한 지도부에게 백두산 천지는 양보할 수 없는 북한의 땅이라는 인식이 강했다.[44]

그러나 중국정부는 이미 간도협약 때도 경계 획정의 기준이 되었던 백두산정계비를 기준으로 국경을 정해야 한다는 입장이었다. 중국 주장대로라면 백두산 정계비 터가 천지 남단의 백두산 기슭에 있기 때문에 천지 전체가 중국 소유가 될 상황이었다. 중국공산당과 대치하고 있던 타이완의 중국국민당 정부도 간도협약에 따라 두만강과 석을수石乙水의 경계선은 고치기 어려우며 황초평즉, 황금평이 중국 영토라는 것은 각종 문헌으로 증명할 수 있다[45]며 북-중 국경문제에 대해 완고한 입장을 보였다. 이처럼 북-중 간 국경문제는 서로 다른 인식과 이해를 지닌 민감하고도 중대한 사안이었다.

이러한 국경문제를 놓고 북한과 중국이 공식협의하기 시작한 것은 1950년대 말부터였다. 양국은 건국 초기 국가건설과 한국전쟁 참전 등 산적한 주요 현안 때문에 1950년대 중반까지는 국경문제에 손을 댈 여유가 없었다.

북-중 국경협상은 2만 2천km가 넘는 국경을 보유하고 있으며 많은 나라와 국경문제를 안고 있는 중국의 스케줄에 따라 진행되었다. 2차

---

43) 《조선중앙년감(국내판) 1959》, 평양, 조선중앙통신사, 1959.11, 135쪽 및 《조선중앙년감(1961년판)》, 평양, 조선중앙통신사, 1962.6 128쪽 참조.

44) 이종석 ."1960년대 북한-중국 간 백두산 국경획정 과정" 김정배·이서행 외 지음, 『백두산, 현재와 미래를 말한다』, 성남, 한국학중앙연구원 출판부, 2010, 93쪽.

45) 『韓國疆域硏究』, (臺灣)外交部檔案館, 097.1-0004(1948년 작성 추정), pp. 182-190, 沈志華·董潔. "中朝邊界爭議的解決(1950-1964년)", p. 32에서 재인용.

세계대전 후 중국은 인접한 아시아 국가들이 독립하게 되자 이들과 역사적으로 내려온 국경문제를 안게 되었다. 1950년대 말 시점에서 중국과 국경을 맞댄 12개 국가와의 국경선 길이는 북한-중국 1,334km 외에도 중국-미얀마 2,186km, 중국-인도 2,000km, 중국-네팔 1,415km, 중국-시킴공화국 200km, 중국-부탄 500km, 중국-아프가니스탄 92km, 중국-파키스탄 통제 카슈미르 지구 599km, 중국-몽골 4,670km, 중국-소련 7,300km, 중국-베트남 1,347km, 중국-라오스 500km 등이었다.[46] 이 중에 완전하고 분명하게 국경문제가 정리된 나라나 국경분쟁이 없는 나라는 하나도 없었다.[47] 그러나 중국공산당은 건국 초기의 어려운 대내외적 상황으로 인해 국경문제 해결에 즉시 착수할 수 없었다. 대신에 중국은 임시방편으로 중화인민공화국 건국 이전의 중국정부가 외국정부와 체결한 국경문제 관련 조약과 협정 등에 관하여 '승인도 부인도 하지 않는 방침'을 채택하였다. 같은 맥락에서 주변국가와의 미해결 현안에 대해서도 '일시적 현상유지 방침'을 채택하였다.[48]

이러한 와중에 1954년 미얀마정부가 중국정부에 국경협상을 제안하였다. 1948년 영국으로부터 독립한 미얀마는 중국과 2,100km가 넘는 국경을 맞대고 있었다. 그런데 국공내전에서 패퇴한 중국 국민당 군대 일부가 도망쳐 미얀마 쪽 국경 일대에 할거하면서 문제가 발생하였다. 1952년 중공군이 이들을 추격하여 1941년 영국정부와 국민당 정부가 맺은 중국-미얀마 경계1941年線를 넘었으며, 또 현지에 군대를 주둔시킨 것이다. 미얀마정부는 내전으로 여기에 즉각 대처할 경황이 없었다. 그러나 이 사건으로 미얀마정부의 중국에 대한 경계심과 영토 상실 우려는 커졌다. 따라서 1954년 내전이 종식되자 미얀마정부는 곧장 중국정

46) 曲星. 『中国外交 50年』, 中国 南京, 江苏人民出版社, 2000, pp. 211~212. 1991년 12월 소연방 해체 후 중국과 옛 소련의 국경이 러시아·카자흐스탄·키르기스스탄·타지키스탄과의 국경으로 나뉘어져 현재 중국과 육상 국경을 맞대고 있는 나라는 15개국이다.

47) 曲星. 앞의 책, p. 211.

48) 沈志華·董潔. "中朝邊界爭議的解決(1950-1964년)", p. 36.

부에 국경협상을 제안하는 한편 문제가 발생한 국경 현지에 군대를 파견하였다.

그런데 중국정부는 한반도 및 인도차이나 평화문제를 의제로 한 제네바회의와 대만문제 등에 외교력을 집중하고 있었기 때문에 이때만 해도 별도로 국경협상을 진행할 여력을 갖추지 못한 상태였다. 따라서 1954년 6월 저우언라이 총리가 제네바회의 휴회기간을 틈타 미얀마를 방문했을 때 미얀마 총리가 중국 측에 국경협상을 제의했으나 저우언라이는 '중국은 아직 준비가 되지 않았다'며 소극적인 입장을 보였다.[49] 이때 미얀마 총리는 저우언라이에게 중국의 미얀마에 대한 영토 야심을 우려한다는 점을 솔직하게 밝혔다. 그러나 이러한 방치가 오래갈 수 없었다. 1955년 11월 '1941년선'에 위치한 경계 미획정 지역인 황궈위엔黃果园 부근에서 중국과 미얀마 국경수비대가 무장충돌을 한 것이다.[50]

중국-미얀마 국경충돌이 발생했던 황궈위엔

49) 王泰平 主编.『中华人民共和国外交史(第二卷) 1957-1969』, (北京: 世界知识出版社, 1998), p. 95; 曲星.『中国外交 50年』, p. 216.

50) 范宏伟. "中缅邊界问题的解决: 过程与影响"《南洋问题研究》, 2010(3): 厦门, 厦门大学南洋研究院, 2010.

황귀위엔 무장충돌 사건을 계기로 중국정부는 국경문제 해결을 뒤로 미룰 수 없는 과제로 인식하기 시작했다.[51] 이러한 인식 변화의 직접적인 계기는 미얀마와의 국경충돌이었으나, 다른 한편 1950년대 중반 이후 중국의 대내외적 여건도 점점 더 국경의 안정을 필요로 하는 쪽으로 변화하고 있었다. 무엇보다도 중국은 한국전쟁에서 미군과 전쟁을 치른 후 미국이 자신의 목을 조르고 있다고 인식했으며, 그 일환으로 중국과 지리적으로 인접한 국가들 간의 관계를 이간시키기 위해 국경분쟁을 이용하려 한다고 보았다.[52] 이러한 상황에서 중국은 미국의 봉쇄정책에 맞서면서 한편으로 국내 경제건설을 진행하기 위해서는 주변 환경의 안정을 필요로 했다. 따라서 중국은 동남아 인접 국가들과 국경분쟁으로 야기된 긴장의 해소를 시급한 외교적 과제로 간주하기 시작했다.[53] 여기에 1950년대 말에 발생한 중국-인도 국경분쟁과 중-소관계의 악화가 중국의 국경문제 해결의 필요성을 더욱 재촉했다.

1959년 3월 티베트에서 대규모 반중反中 폭동이 발생하고 티베트의 종교지도자 달라이 라마가 인도로 피신하는 사태가 발생하였다. 이 사태를 계기로 중국과 인도의 관계가 급속히 나빠져서 무력충돌 사태로까지 비화하였다. 설상가상으로 소련이 중-인 국경분쟁에서 인도 측을 두둔하고 나섰다.[54] 중국은 1959년 8월과 10월 두 차례에 걸쳐 발생한 중-인 국경 무력충돌 사태에 대해서 소련정부가 엄격 중립을 표방하며, 내용적으로 인도 측을 두둔하자 상당한 충격을 받았다.[55] 양국은 1959년 10월 1일 중국정권 수립 10주년 기념행사에서도 이 문제를 둘러싸고 논

51) 王泰平 主编. 앞의 책, p. 95; 曲星, 앞의 책, p. 216.

52) 이종석. "1960년대 북한-중국간 백두산 국경획정 과정", 94쪽.

53) 沈志華·董潔. "中朝邊界爭議的解決(1950-1964年)", pp. 36-37.

54) 이종석. "1960년대 북한-중국간 백두산 국경획정 과정", 94쪽.

55) 이종석. 『북한-중국 관계 1945-2000』, 231쪽. 중-인국경 분쟁을 둘러싼 소련공산당의 태도를 조목조목 비판한 중국 측의 문헌으로는 1963년 11월 2일자 『인민일보』 편집국 논설을 전재한 1963년 11월 3일자 『로동신문』의 『소련공산당지도부가 인도와 련합하여 중국을 반대하고 있는 진상』 참조.

쟁을 벌일 정도로 중국의 충격은 컸다.[56] 중국은 소련에 대해 변경 곳곳에서 중국이 안고 있는 국경문제를 이용해서 자신을 견제하고 있다고 의심했다. 따라서 중국은 인접 국가들과 영토분쟁의 불씨를 없애기 위해 국경문제 해결에 박차를 가하게 되었다.[57]

중-인 국경분쟁은 북-중 국경조약 체결에 중요한 영향을 끼쳤다. 이는 1962년 10월 12일 국경조약을 맺는 자리에서 저우언라이周恩來 중국 총리가 김일성 수상에게 한 말의 주요 내용이 중-인 국경분쟁 문제였다는 데서도 잘 드러난다. 이날 저우언라이는 자신이 1961년 인도를 방문하여 네루와 직접 협상까지 했으나 인도는 성의가 없었으며, 1962년에 들어서서 인도가 대만해협에서의 긴장 발생과 중-소 관계의 악화 등에 편승하여 중-인 국경에서 '문제를 일으켰다'고 주장하였다.[58]

결국 중국정부는 1956년부터 국경문제를 본격적으로 연구·검토하기 시작했다. 우선 미얀마와의 국경문제 해결에 착수하고 그 경험을 바탕으로 다른 나라와도 미결 상태로 내려오던 국경문제를 해결하겠다는 계획을 세웠다.[59]

이때 중국정부는 국경문제 해결을 위한 정책방향을 다음과 같이 설정하였다.

> ① 국경문제 해결의 목적은 주변을 안정시키고 국제정세를 완화시켜 국가건설에 이롭게하려 하는 것이며, 주변국가와 긴장관계를 야기하고자 함이 아니다. ② 국경문제 해결원칙은 평화협상을 통해 우호적으로 해결하며 제반 무력에 의존하지 않는다. 평등, 상호이익, 우호의 기초 위에서 문제를 해결한다. ③ 역사와 현실을 결합한 해결책을 모색한다. 즉 기존의 역사적 배경을 고려하는 한편 이미 형성되어 온 현실 정

56) 1962년 10~11월에 중-인 국경전쟁이 발발했을 때도 소련은 공개적으로는 유보적 태도를 취했으나 그해 8월에 인도에 미그기 공장 건립을 위한 합의서를 사실상 인도 편을 들었다.

57) 이종석. "1960년대 북한-중국 간 백두산 국경획정 과정", 94쪽.

58) 中华人民共和国外交部 外交史研究室编. 『周恩來外交活动大事记 1945-1975』, pp. 337~338.

59) 이종석. "1960년대 북한-중국 간 백두산 국경획정 과정", 94쪽.

황도 고려한다. 일찍이 중국을 향해 공물을 바친 지방을 모두 중국 판도에 넣겠다고 요구하지 않으며 또한 가장 넓은 영토를 보유했던 때로 거슬러 올라가 주장하지 않는다. 국경문제 해결 시 전체 역사 모두를 근거삼지 않는다. 일반 사료는 오직 참고용이며, 마지막 한 시기의 사료만이 법리적 근거를 갖는다. 여기서 '마지막 한 시기最後一個時期'란 청조 말이나 북양北洋, 혹은 민국民國시기를 말하며, 이 시기 중국정부와 외국 정부가 행한 국경문제 교섭자료는 법리근거로 삼을 수 있다. ④ 최종 해결 이전에는 현 상태를 유지하며 무력으로 현상변경을 시도하지 않는다.[60]

이상의 원칙을 가지고 중국은 1960년 10월 미얀마와의 국경조약 체결을 시작으로 네팔, 북한, 몽고, 파키스탄, 아프가니스탄 등과 국경문제를 해결해 나갔다. 중국 국무원은 1958년 7월 국경 전체에 걸쳐 발생해 있는 국경문제를 총체적으로 해결하기 위해 국경위원회边界委员会를 설립하였다. 이 위원회는 국무원 외사판공실의 직속기관으로 외교부, 국방부, 내무부, 중국과학원 역사연구소, 중국과학원 지리연구소, 국가측량총국, 민족사무위원회, 총참모본부 군사측량국과 경비부의 책임자로 구성되었으며 위원장은 천이陈毅외교부장이 담당하였다. 국경위원회는 국경업무를 전반적으로 계획하고 관련 부처를 조직하여 조사와 연구, 자료수집, 현장조사를 통해 협상방안을 제시하여 체계적으로 국경문제를 해결하는 것을 임무로 삼았다. 국경위원회 안에는 사회주의국가 팀组과 자본주의국가 팀이 설립되었으며, 국경문제를 안고 있는 각 성과 자치구에도 관련 소조를 만들어 국경업무를 보게 했다.[61] 그 결과 중국은 미얀마에 이어 1960년 10월에는 네팔, 1962년 10월에는 북한, 1962년 12월에는 몽고, 1963년 3월에는 파키스탄, 1963년 11월에는 아프가니스탄과 국경협정을 체결할 수 있었다.

이처럼 중국이 1950년대 후반부터 전체 국경을 대상으로 국경문제를

60) 曲星. 『中国外交 50年』, pp. 213~214.

61) 沈志華·董潔. "中朝邊界爭議的解決(1950-1964年)", pp. 37-38.

해결하고자 실행 프로그램을 가동하는 과정 속에 북-중 국경문제도 자리 잡고 있었다.

2) 북-중 국경협상의 경위와 협정체결

북한과 중국 간 국경문제의 핵심은 백두산 지역이었다. 압록강과 두만강이 흐르는 곳에서는 양국이 이 강들을 국경으로 삼는 데 같은 의견이었기 때문에 상대적으로 경계획정이 쉬웠다. 하천 중간에 위치한 섬의 귀속문제 정도만 해결하면 되었다. 그러나 전체 국경선의 3%밖에 되지 않으나, 하천경계가 없거나 불명료한 백두산 천지 부근은 달랐다. 백두산 지역은 산 중턱에서 압록강과 두만강의 수원水源이 시작하기 때문에 천지 부근의 산기슭에서는 평소 물이 흐르지 않는다. 바로 이 지역의 국경선 획정문제가 양국 간의 최대 이슈였던 것이다.[62)]

비록 자료로 확인되지는 않지만 북한은 간도협약 때 이루어진 백두산 일대의 국경획정을 부정했기 때문에 중국과 새로운 국경협상이 불가피하다고 판단했던 것 같다. 그리고 이러한 맥락에서 1950년대에도 수시로 중국정부에 자신의 입장을 피력하거나 국경에서 관련 행동을 취했던 것으로 추측된다. 당시 중국정부의 보고서가 이러한 추측을 뒷받침한다. 1958년 중국의 국경위원회 보고서는 '중국과 북한의 국경은 두만강과 압록강을 경계로 하고 있는데 그 중 두만강 일부는 청 왕조와 일본정부 간의 조약에서 획정된 것이고 그 밖의 부분은 정식으로 획정되지 않았다'고 기술하였다. 그러면서 천지와 일부 섬의 귀속에 관한 북-중 간 입장 차이를 주요쟁점으로 보았다. 천지에 대해서는 '중국의 영토에 속해 있어서 북한 측에 이와 같은 입장을 설명하였지만 북한 측에서는 아직까지 공식적인 입장을 밝히고 있지 않다고' 했으며 '강줄기가 바뀌는 등의 원인으로 인해' 발생한 일부 작은 섬의 귀속 문제에 대한 이

62) 이종석. "1960년대 북한-중국간 백두산 국경획정 과정", 93쪽.

견은 성 정부에서 조사하여 국경위원회에 보고하도록 했다고 밝혔다.[63] 이밖에 1960년 3월 국경위원회는 '북한은 백두산 국경분쟁지역에 도로와 주택을 건설하고 압록강 상류에 횡강橫江수문을 건설하여 점차 북진하는 상황'이라고 기술하였다.[64]

이러한 서술은 이미 1950년대부터 북한이 중국과 국경문제를 두고 민감하게 신경전을 벌였음을 보여준다. 그러나 중국은 북한과의 국경문제에 대해 복잡하기는 하지만 기본적으로 다른 나라들과 비교할 때 그리 어려운 문제는 아니라고 보았다. 즉, 국경위원회는 백두산 지역의 국경문제 해결이 복잡하고 해결이 쉽지 않으며, 압록강과 두만강에서도 강의 지류변화와 수몰지역으로 인해 국경문제가 발생하고 있지만 이는 다른 국경문제에 비해 중대 사안이 아니며 '간도협약'에 의거하여 처리하면 될 것으로 보았다.[65]

중국 국경위원회의 사회주의국가 팀은 적극적으로 방안을 마련하여 사회주의국가들과 협상을 통해 조기에 국경문제를 해결하겠다는 계획을 세웠다. 구체적으로 1958년에 몽골과 국경문제를 해결하고 1959년에는 소련, 베트남, 북한과 국경문제를 해결하겠다는 목표를 세웠다. 1958년까지 초보적인 대북 협상 방안을 마련하겠다는 계획도 세웠다.[66] 국경위원회가 이렇게 조속한 해결을 장담한 것은 '사회주의 형제국가'들과의 국경협상이기 때문에 미얀마, 인도 등 비사회주의국가들과의 협상보다 훨씬 수월하게 진행되리라고 낙관했기 때문일 것이다.

그러나 국경위원회는 북한과의 국경협상안을 1958년 말까지 마련하지도 못했다. 그 이유는 예상보다 상황이 복잡하고 양국 간 국경문제에서

---

63) "交部關于邊界委員會工作問題的報告", 1958年 7月 16日, 廣西自治區檔案館, X50/2/290, pp. 5-10, 沈志華·董潔. "中朝邊界爭議的解決(1950-1964年)", p. 38에서 재인용.

64) "國務院邊界委員會 1959年 工作總結和 1960年 規劃" 1960年 3月 14日, 廣西自治區檔案館, 沈志華·董潔. 앞의 논문, p. 39에서 재인용.

65) 沈志華·董潔. 앞의 논문, p. 39.

66) "交部關于邊界委員會工作問題的報告" 1958年 7月 16日, 廣西自治區檔案館, X50/2/290, pp. 5-10, 沈志華·董潔. 앞의 논문, p. 38에서 재인용.

새로운 이슈가 발생했으며 중-인 국경분쟁 발발로 인해 다른 나라와의 국경지역 현지조사가 연기되었기 때문이었다.[67]

북한과 중국이 본격적으로 국경협상에 돌입한 것은 1962년 초였다. 이때 협상을 먼저 제안한 쪽은 북한이었다. 1962년 2월 18일 북한 외무상 박성철은 북한 주재 중국대사 허더칭郝德青에게 내부 협상을 통한 북-중 국경문제 해결의 가능성을 제의하였다.[68] 북한이 이때 중국에 국경협상을 제안한 것은 이 시기가 북한의 입장에서 지연되고 있는 국경문제 해결에 적기適期라고 판단했기 때문으로 보인다.

이 시기는 중-소 분쟁이 격화되는 가운데 북한이 중국 편에 섬으로써 소련과의 관계가 악화되고 북-중 동맹관계가 강화되던 때였다. 북한은 소련이 중-인 전쟁 과정에서 사실상 인도 편을 들고 사회주의 진영에서 '현대수정주의'의 상징으로 낙인찍힌 유고슬라비아와 협력을 추구하자 소련의 평화공존노선에 의구심을 표하며 자신과 같은 입장을 취하던 중국과의 관계를 더욱 긴밀히 하였다. 실제로 1962년 가을부터 1964년 10월까지 북한과 소련의 관계는 양국 간에 단 한 차례의 정부대표단 방문도 없을 정도로 악화되었다. 반면에 북-중 관계는 김일성과 저우언라이의 상호 비공식 방문을 비롯해서 각종 교류와 연대가 활발하게 이루어졌다. 이러한 소련과의 관계 악화와 중국과의 결속 강화라는 1960년대 초반의 정세가 북한으로 하여금 중국과의 국경협상에 적극 나서게 하는 배경이 되었다. 북한으로서는 중-소 분쟁으로 인해서 자신의 전략적 가치가 고평가되어 있었기 때문에 국경 협상을 유리하게 끌고 갈 수 있다고 판단했을 것이다.[69]

박성철 외무상으로부터 국경협상 제안을 받은 중국외교부는 2월 28일 북한 주재 중국대사관에 북한의 제안에 동의한다는 회신을 보냈다.

---

67) 沈志華·董潔. 앞의 논문, p. 38.

68) "1962年朝使館同朝鮮外務省交涉情況簡報", 外交部檔案館, 106-00664, p. 19; 沈志華·董潔. 앞의 논문, p. 40에서 재인용.

69) 이종석. 『북한-중국 관계 1945-2000』, 222~227쪽, 231쪽 및 이종석. "1960년대 북한-중국간 백두산 국경획정 과정", 95쪽 참조.

이렇게 해서 1962년 4월 10~14일 북한 외무성 부상 류장식과 중국외교부 부부장 지펑페이姬鵬飛를 단장으로 하는 양국 대표단이 신의주 건너편 중국 도시 안둥安東에서 만나 첫 국경회담을 열었다. 양국은 첫 회담에서 다섯 차례 만남을 통해 각자의 국경획정 방안을 제시하고 휴회하였다.[70)]

그런데 첫 번째 회담이 끝난 직후인 4월 18일 허더칭은 박성철 외무상에게 차기次期 국경회담의 날짜를 연기해줄 것을 요청하였다. 이는 북한측의 제안 중에 당시 중국이 준비했던 협상안 내에서는 절충이 어려운 내용이 있었기 때문으로 여겨진다. 아마 그 내용은 천지나 황초평 문제였을 것으로 짐작된다. 이 시기 중국외교부는 근대시기 국경관련 자료가 보관되어 있을 것으로 추정되는 장쑤성江蘇省 외사판공실에 천지, 황초평 등 북-중 국경에 관한 역사자료를 찾아달라고 요청해 놓고 있었다.[71)] 그러나 북양정부와 국민당 정부 시기의 문서는 장제스蔣介石가 남경에서 철수할 때 중요한 것들은 모두 대만으로 이전시켰기 때문에 관련 자료를 발견하지 못했다. 이로 미루어 보아 양국은 천지와 황초평의 귀속문제를 두고 첨예한 의견 차이를 보였을 것으로 짐작된다.

북한과의 차기 회담을 연기한 중국정부는 자신의 입장을 정당화할 자료를 찾는 동시에 북한의 주장과 절충할 수 있는 협상방안을 만드는 데 주력했을 것이다. 그리고 저우언라이 총리가 1962년 6월 4일 중국 공산당 동북국 책임자와 북-중 국경문제를 협의[72)]한 것으로 미루어 보아 중국의 대북협상안의 골격은 6월초에 완성된 것으로 추정된다. 중국정부의 일반적인 정책결정 과정을 볼 때, 정부 최고 책임자가 지방 책임자의 의견을 들을 때는 이미 중앙정부가 기본정책을 결정한 뒤이기 때문이

70) 1962年朝使館同朝鮮外務省交涉情況簡報" 外交部檔案館, 106-00664, p. 19; 沈志華·董潔. "中朝邊界爭議的解決(1950-1964年)", p. 40에서 재인용.

71) "省外辯辯關于了解中蒙和中朝邊界歷史資料問題" 1962年 4月 19日, 江蘇省檔案館, 3124-0139, pp. 5-22, 沈志華·董潔. 앞의 논문, pp. 40-41에서 재인용.

72) 中共中央文献硏究室编. 『周恩來年谱』, 中卷, p. 481.

다.[73] 이어서 저우언라이는 6월 28일 북경에서 북한 최고인민회의 대표단 단장 박금철 및 주중 북한대사 한익수를 접견하였으며, 회견 후 별도로 한익수를 남게 해 북-중 국경문제에 대해 대화를 나누었다.[74] 이때 저우언라이는 북한 측에 중국의 국경문제 해결방안을 전달한 것으로 추정된다.

이러한 기존협의를 거친 뒤 1962년 9월 15일 류장식은 허더칭에게 북한은 중국 측의 국경문제 해결방안에 동의하고, 지펑페이와의 평양 회담을 환영한다는 입장을 전달하였다.[75] 이로써 양국은 국경획정에 관한 조율을 마치고 조약 체결을 준비하기 위해 지펑페이가 9월 25일에서 10월 2일까지 평양에 머물며 류장식과 회담하였다.[76] 이 회담에는 중국 측에서 지펑페이 외교부 부부장을 단장으로 북-중 관계 및 국제조약 담당 간부 등 3명이 참가하였고 북한 측에서는 류장식을 단장으로 하여 역시 관련 간부 2명이 참가하였다.

북-중 대표단은 이 회의에서 국경조약 초안을 최종적으로 조율하고 국경협상 완전타결에 필요한 구체적인 문제들을 협의하였다. 이들은 '북-중 국경에 관한 의정서'가 체결되고 나면 각자 출판한 지도에 백두산 천지 지역의 국경선은 '북-중 국경조약'에 첨부한 지도에 표시된 국경선의 위치를 그대로 그려 넣기로 합의하였다. 그리고 외교부 국장이나 부국장급 수석대표 한 사람과 대표 약간 명으로 '북-중 국경공동위원회'를 구성하여 국경조약의 규정에 따라 국경을 조사하고 경계팻말을 세우며 국경지도를 만들기로 하였다.

국경조약 체결을 위한 최종조율을 마친 북한과 중국은 1962년 10월

73) 沈志華·董潔. "中朝邊界爭議的解決(1950-1964年)", p. 41.

74) "周恩來接见朝鲜最高人民会议代表团谈话记录" 1962年 6月 28日, 外交部档案馆, 106-01379-03, pp 35-44, 『周恩來年谱』, 中卷 p. 487, 沈志華·董潔, 앞의 논문, p. 41에서 재인용.

75) 沈志華·董潔. 앞의 논문, p. 41.

76) 이하의 내용은 「中华人民共和国政府代表团和朝鲜民主主义人民共和国政府代表团关于中朝边界问题的会谈纪要」, 1962.10.3. 『中朝, 中苏, 中蒙 有关条约, 协定, 议定书 滙编』, pp. 11~15에 근거.

12일 비공개로 역사적으로 미해결 영역으로 남겨졌던 백두산 지역을 포함해 압록강, 두만강의 모든 국경을 확정하는 국경조약을 체결하였다. 이때 저우언라이 총리는 천이 외교부장을 대동하고 비밀리에 평양을 방문하여 김일성 수상과 이 조약을 체결하였다.[77]

이렇게 체결된 북한-중국 국경조약은 11월 7일 북한 최고인민위원회 상임위원회에서 비준되었으며, 중국에서도 11월 24일 국무원 제122차 전체회의에서 통과되어 전국인민대표대회에 회부되었다. 국무원 전체회의에서 지펑페이는 '백두산 일대는 역사적으로 논쟁이 끊이지 않았고 양국 지도에서의 국경선도 일치하지 않는다'며 '실제 상황에 근거하고 양측의 백두산에 대한 정서를 고려하여 백두산을 경계로 하는 것이 역사적인 상황과 양국민의 이익에 부합한다'고 보고했다.[78] 양국은 1962년 12월 11일 '북-중 국경조약'의 비준서를 교환하였다.

그런데 북한과 중국은 백두산 천지와 황초평 등을 둘러싸고 대립했지만 정작 국경획정 협상과정에서 이 문제를 둘러싸고 치열한 법리논쟁이나 역사논쟁을 벌였다는 기록이나 흔적은 찾아볼 수 없다. 문제가 발생했으나 치열하게 대립하지 않고 해결했다는 뜻이다. 이것은 강대국인 중국이 백두산 천지를 북한과 반분하고 황초평을 북한 영토로 인정하는 등 상당한 양보를 하는 정치적 해결을 추구했기 때문에 가능했다. 이를 두고 선쯔화·퉁지에는 '중국은 국제법의 일반 원칙에 의거하지 않았으며, 1909년 체결된 간도협약에 기초해서 국경문제 담판을 진행하기는 했으나, 두만강 발원지의 드넓은 영토를 포기하고 북한의 요구대로 양국의 국경선을 획정하였다.'[79]고 평가하였다.

그렇다면 중국은 국가의 근본이익이 달린 영토획정 논의에서 왜 그렇게 쉽게 북한에 양보했을까? 그것은 무엇보다도 앞에서 살펴본 대로 중-소 분쟁의 와중에 북한의 전략적 가치가 고평가되었기 때문일 것이

77) 이종석. "1960년대 북한-중국간 백두산 국경획정 과정", 92~93쪽.

78) 沈志華·董潔. "中朝邊界爭議的解決(1950-1964年)", p. 41.

79) 沈志華·董潔. 앞의 논문, p. 37.

다. 일부에서는 국내 정치적 불안정이 중국정부가 국경협상에서 양보하게 한 원인이었다고 평가하기도 한다. 예컨대, 1960년대 초반 대약진운동大躍進運動에 실패함으로써 중국 정권이 정치적 불안정에 직면했기 때문에 전국적으로 정치적 안정을 증진시키려는 욕구가 북한, 몽골 등과의 분쟁에서 타협을 위한 추가적인 인센티브를 낳았다는 것이다.[80] 그러나 이는 납득하기 어려운 피상적 분석이라고 본다. 대약진운동이 중국 정권을 약화시켜 국경협상에서 양보를 하게 되었다면, 그 대신 중국 정권이 무엇을 얻었는지 분명하지 않다. 이때 가장 중요한 중-인 국경분쟁에서 중국은 양보하지 않았다. 북한과는 비밀조약이었다. 주로 상대적으로 약소국가들과 이루어진 국경조약으로 국내정치 안정에 기여할 만한 교역 증대가 이루어질 리도 없었다. 결국 중국의 양보에는 중-소 분쟁 격화로 인한 위기의식이 제1요인으로 작용했다고 보는 것이 합리적이다.

중국은 중-소 갈등 속에서 김일성의 지지를 획득하기 위해 북한이 제시한 경계를 수용했다고 볼 수 있다.[81] 같은 시기에 맺어진 몽골과의 국경협상에서도 중국은 상당한 양보를 통해 완벽하게 몽골에게 유리한 조약을 맺었다. 중국은 대소 위협인식이 높아지면서 지정학적 세력균형의 관점에서 중-소 사이에 끼여 있는 몽골을 가급적 자신의 영향력 범위로 끌어들이려는 의도로 이런 양보를 했다고 볼 수 있다.[82]

그런데 여기서 주목할 점은 국경협상에서 특히 중국의 양보가 두드러진 몽골 및 북한과의 국경조약이 모두 1962년 가을에 맺어졌다는 사실이다몽골은 10, 12월 두 차례에 결쳐 이루어진다. 이 때는 중국으로서는 소련의 지원을 받는 인도와의 국경분쟁이 국경전쟁으로 비화하는 시기였으며

80) M. Taylor Fravel. "Regime Insecurity and International Cooperation: Explaining China's Compromises in Territorial Disputes", *International Security*, Vol. 30, No. 2 (Fall 2005), p. 63.

81) 沈志華·董潔. "中朝邊界爭議的解決(1950-1964년)", p. 47.

82) 김애경. "중국·몽골 간의 영토분쟁과 해결방식" 이동률 외 『중국의 영토분쟁』, 서울, 동북아역사재단, 2008, 참조.

중-소 분쟁이 격화되는 시기였다. 이러한 정세가 몽골과 북한 양국의 전략적 가치를 크게 높였고, 중국은 소련과의 경쟁에서 이 두 나라를 자기 편으로 끌어들이기 위해 국경협정에서 '통 큰' 양보를 했다고 볼 수 있다.[83)]

그런데 중국의 양보를 중-소 분쟁에만 초점을 맞추어 설명하면 중국의 북한에 대한 특수이익이 과도하게 강조될 여지가 있다. 사실 당시 이루어진 중국과 주변국가와의 국경조약들을 보면 중국은 대부분의 지역에서 기존의 주장에서 물러서는 양보를 하였다. 비록 몽골이나 북한에 대한 중국의 양보가 좀 더 큰 폭이기는 했으나 중국의 국경정책은 때때로 양보를 마다않는 타협 지향적 측면이 컸다. 중국은 공산당 정권 수립 이래 국경문제를 해결하면서 분쟁지역 중 절반도 안되는 땅을 자신의 영토로 확정할 정도로 타협적인 태도를 보였다.[84)]

한편 북한과 중국은 양국 국경공동위원회를 설립하여 국경조약에 근거하여 국경을 순찰하며 경계팻말을 세우고, 강상江上의 섬과 사주의 귀속을 확정하기 위한 작업에 착수하였다.[85)] 이를 위해 양국 국경공동위원회가 1963년 1월 초 평양에서 제1차 회의를 개최하였다. 이 위원회는 산하에 두 개의 대대와 여섯 개의 소조를 두고 1963년 5월 13일부터 11월 15일까지 북-중 국경에 대한 전면적인 탐사를 진행하여 경계말뚝 설치와 경계선이 되는 강의 섬과 사주의 귀속을 확정하였다. 경계말뚝은 지면에 노출되는 부분이 155cm와 129cm인 두 종류로 철근 시멘트로 제작하며 관리와 보수는 중국 측이 홀수 번호로 된 경계말뚝을, 북한 측에서 짝수를 맡기로 하였다.[86)]

---

83) 몽골의 경우 소련의 강력한 영향 아래 있는 이 나라를 중립적 입장으로 돌리기 위한 고려가 작용했을 것이다.

84) M. Taylor Fravel. "Regime Insecurity and International Cooperation : Explaining China's Compromises in Territorial Disputes", pp. 55~57.

85) 『中朝, 中蘇, 中蒙 有關條約, 協定, 議定書 匯編』, pp. 323~324.

86) 安龙祯 主编(1996). 『延边朝鲜族自治州志』, 中华书局, p. 497; 韩哲石 主编(1994). 『長白朝鮮族自治縣志』, 中華書局, pp. 312-313, 沈志華·董潔. "中朝邊界爭議的解決(1950-1964년)", p. 45에서 재인용.

이러한 일련의 과정을 거쳐서 양국의 국경이 구체적으로 획정되었다. 그 결과 1964년 3월 20일 북경에서 류사오치劉少奇 중국 국가주석, 저우언라이 중국 국무원 총리, 박성철 북한 외무상이 참석한 가운데 '북-중 국경에 관한 의정서'가 체결되었다.[87]

87) 沈志華·董潔. 앞의 논문, 41쪽.

제 3 장

북한-중국 간 국경획정 내용

제3장

북한-중국 간 국경획정 내용[88)]

1. 백두산 천지 부근의 국경획정[89)]

1) 국경획정 개요

북-중 국경획정 내용을 알려주는 가장 중요한 1차 자료는 국경조약과 이 조약에 기초해서 진행한 국경선 획정 결과를 반영한 '국경에 관한 의정서'다. 먼저 국경조약은 제1조에서 가장 첨예한 쟁점지역인 백두산 천지와 천지로부터 각각 압록강과 두만강이 시작되는 지점까지즉, 물이 흐르지 않는 지역의 경계를 획정하였다.

천지는 화산활동에 의해 백두산 화구가 함몰되어 생겼으며, 수면 높이 해발 약 2,190m, 면적 9.165km^2, 둘레 14.4km, 평균수심 213.3m, 최대수심 384m, 저수량 약 20억m^{3}의 산상호수이다.

88) 이 장에서 인용없이 서술되는 국경협정의 내용은 모두 『中朝, 中苏, 中蒙 有关条约, 协定, 议定书 滙编』, 中国 长春, 吉林省革命委员会外事办公室编印, 1974.6에 실린 '북-중 국경조약'인 『中华人民共和国和朝鲜民主主义人民共和国边界条约』, (1962.10.12.)과 '북-중 국경에 관한 의정서'인 『中华人民共和国政府和朝鲜民主主义人民共和国政府关于中朝边界的议定书』, (1964.3.20)에 의거한다. 이 조약의 한글 번역본은 이종석. 『북한-중국 관계 1945-2000』에 실려 있다.

89) 이 절의 내용은 이종석. "1960년대 북한-중국간 백두산 국경획정 과정", 96~105쪽에서 발췌.

백두산 천지

북한과 중국은 국경조약을 체결하면서 합의문에 명기하지는 않았지만 천지를 반분半分하기로 합의하였다.[90] 이에 따라 양국은 국경선을 천지를 한 바퀴 에워싼 산등성이의 서남단 2,520고지즉, 제운봉, 梯雲峰와 2,664고지즉, 청석봉, 青石峰 혹은 옥주봉, 玉柱峰사이의 안부鞍部[91]의 대체적인 중심점에서 시작하여 동북쪽을 향해 직선으로 천지를 가로질러 맞은 편 산등성이의 2,628고지즉, 쌍무지개봉와 2,680고지즉, 천문봉, 天文峰사이 안부의 대체적인 중심점에서 끝나며 그 서북西北 부분은 중국에 속하고 동남東南 부분은 북한에 속하도록 했다.

천지에서 압록강에 이르는 국경선은 천지를 가로지른 경계선의 서남단 끝점에서 시작하여 천지를 에워싼 산등성이의 대략 동남방을 따라 최남단 산등성이의 한 점을 지나, 여기서 산등성이를 떠나 동남방향의 2,071고지 동쪽에서 압록강 상류의 작은 지류를 따라 압록강 본류와

90) 童小鹏『在周恩来身邊四十年(下)』, 北京, 华文出版社, 2015, pp. 581~582.
91) '말안장처럼 잘록하게 들어간 부분'이라는 뜻이다.

합류되는 지점까지로 확정하였다.

천지에서 두만강에 이르는 국경선은 천지 경계선의 서북쪽 끝점에서 출발하여 동쪽을 향해 직선으로 2,114고지까지, 여기서 다시 직선으로 1,992고지까지, 다시 직선으로 1,956고지를 경유하여 1,562고지까지, 다시 직선으로 1,332고지까지, 다시 직선으로 두만강 상류의 지류인 북한 쪽의 홍토수紅土水와 북쪽에서 내려오는 지류가 합쳐지는 곳까지를 연결하였다. 그리고 이곳부터 홍토수 물줄기가 중국 쪽의 뤄리우허弱流河를 만나 본격적으로 두만강 물줄기가 확연해지는 지점까지는 홍토수 물줄기를 국경선으로 삼았다. 이렇게 해서 압록강 최상류에서 시작하여 백두산 천지를 반분하며 가로지르고 두만강 최상류까지 이어진 새롭게 획정된 북-중 국경선의 길이는 총 45,092.8m였다. 이를 대강의 지도로 그려 표시하면 아래 그림과 같다.

백두산 일대 육상 북-중 국경(1호-20호 경계팻말 사이)[92]

* 경계팻말은 2009년에 1호→ 33호, 20호→ 69호로 변경

92) 원래의 경계팻말 번호는 1964년에 세운 것이다. 이후 북-중 양국은 국경공동위원회의 조사를 거쳐서 2009년에 경계비를 갱신하고 번호도 바꾸었다. 이와 관련해서는 이 장 뒷부분에 구체적으로 설명해 놓았다.

2) 국경획정의 상세 내용

북한과 중국은 국경조약에 의거하여 현지 감정을 통해 구체적으로 국경을 확정하고 1964년 3월 20일 베이징에서 '북-중 국경에 관한 의정서'를 체결하였다. 이 의정서의 내용을 살펴보면 다음과 같다.

이미 설명했듯이 압록강과 두만강의 발원지인 백두산 정상 부근은 물이 흐르지 않기 때문에 강을 자연적인 경계로 삼을 수 없는 상황이었다. 따라서 인위적인 경계확정이 불가피하였으며, 이에 양국은 21개소 2009년에는 경계팻말을 다시 세우면서 21개소를 38개소로 늘렸다에 28개의 경계팻말을 박아 경계를 확정하기로 하였다.

북한과 중국은 백두산 지역에 세울 국경 경계팻말을 대형과 소형으로 나누고, 모두 콘크리트 철근으로 만들며 팻말 중심에 철심을 넣어 묻기로 하였다. 양국은 경계팻말을 세우면서 경계를 분명히 하려고 압록강 시작점과 두만강 시작점에 각각 3개의 대형 팻말을 세우는 등 4개 경계 지역에 복수의 대형 팻말을 세우기로 하였다. 모든 경계팻말은 중국을 향한 면에 '중국中国'이란 한자를, 북한을 향한 면에 '조선'이라는 한글을 새겨 넣고 그 밑에는 경계팻말을 세운 연도를 표시하도록 했다. 그리고 같은 번호로 복수의 팻말을 세울 경우 동일번호 아래에 보조번호를 (1)(2)(3)과 같이 새기도록 했다.

그러면 먼저 압록강 상류에서 천지 경계가 시작되는 산등성이까지의 경계선을 살펴보자. 압록강 물줄기를 따라 최상류 백두산 기슭으로 올라가면 이 물줄기는 천지에서 동남방 방향으로 약 5km 거리에 둔 지점에서 세 개의 작은 물줄기로 나뉘어져 더 상류로 거슬러 올라가게 된다. 양국은 이 세 물줄기가 만나는 합수머리를 압록강 본류의 시작점으로 보고 국경팻말 1호2009년 33호를 대형으로 3개 세웠다.

그리고 바로 이 지점에서 세 물줄기 중 천지 방향으로 가장 가까운 것, 즉 가장 왼쪽 물줄기의 중심을 따라 국경선을 획정하였다. 그러나 이 물줄기는 비가 오거나 눈이 녹을 때만 흐르며 평소에는 말라있는 골짜기였다. 국경선은 이 물줄기에서 천지를 둘러싼 16개 봉우리 중의 하나인 관면봉冠冕峰, 국경의정서 상의 2,525.8 고지 정상까지 이어진다. 이 관면봉 정상에 4호2009년 기준 36호 대형 경계팻말이 세워졌다. 이곳이 중국의 백두산 관광구역으로 보면 압록강 최상류를 따라 올라가는 남파南坡 정상이다. 그런데 국경선은 천지를 에워싼 산등성이에 이르러 천지 호반으로 진출하지 않고 계속 산등성이를 따라 북서방향으로 전진하여 2,520고지실제측량결과 2,543m, 제운봉를 지나 2,520고지와 2,664고지청석봉 사이 안부의 중심점에 도달한다. 4호 대형 경계팻말에서 3,100m 떨어진 이곳에 천지 서남부의 마지막 경계팻말인 5호2009년 기준 37호 대형 경계팻말이 있다. 위치는 동경 128도 01분 40.9초, 북위 41도 59분 47.1초이며 압록강 시작점에서 이곳까지의 거리는 약 8.3킬로m이다. 이곳이 백두산 서파西坡 정상이다.

남파 36호(옛 4호) 경계팻말의 양면

압록강 시작점인 경계 1호2009년 기준 33호 경계팻말부터 백두산 남파와 서파로 이어지는 이 국경을 지도상에 표시하면 아래 그림과 같다.

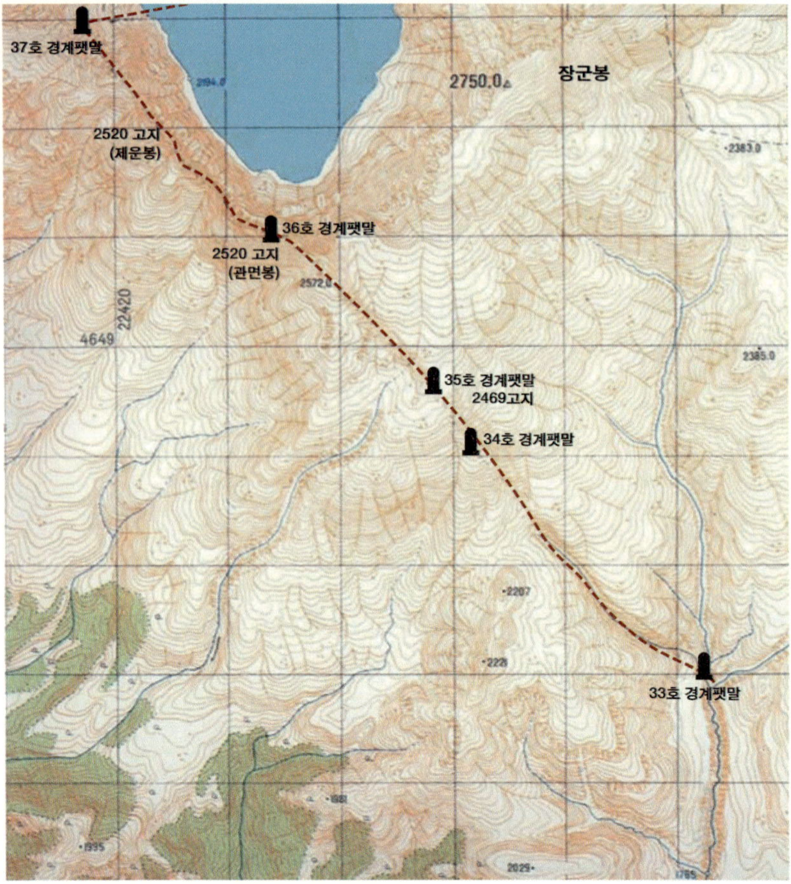

압록강 최상류-천지 국경선[93]

한편 천지를 나누는 북-중 국경선은 바로 이 5호2009년 기준 37호 경계팻말에서 직선으로 극좌표 67도 58.3분을 기준으로 천지를 가로질러 건너편 큰 봉우리인 북한쪽의 2,628고지쌍무지개봉와 중국 쪽의 2,680고지 사이 안부의 대략적인 중심점의 돌출부까지 5,305.6m 뻗어 있다. 이곳이 위치상 동경 128도 05분 01.5초, 북위 42도 01분 11.8초로서 6호2009년 기준 38호 대형 경계팻말이 세워져 있다. 그런데 북한과 중국이 이러한

93) 이종석. "1960년대 북한-중국간 백두산 국경획정 과정", 100쪽에서 인용.

방식으로 경계를 나누다 보니 원래 천지를 반분하기로 한 합의와 달리 천지 면적의 54.5%가 북한 경내에, 45.5%가 중국 경내에 속하게 되었다.

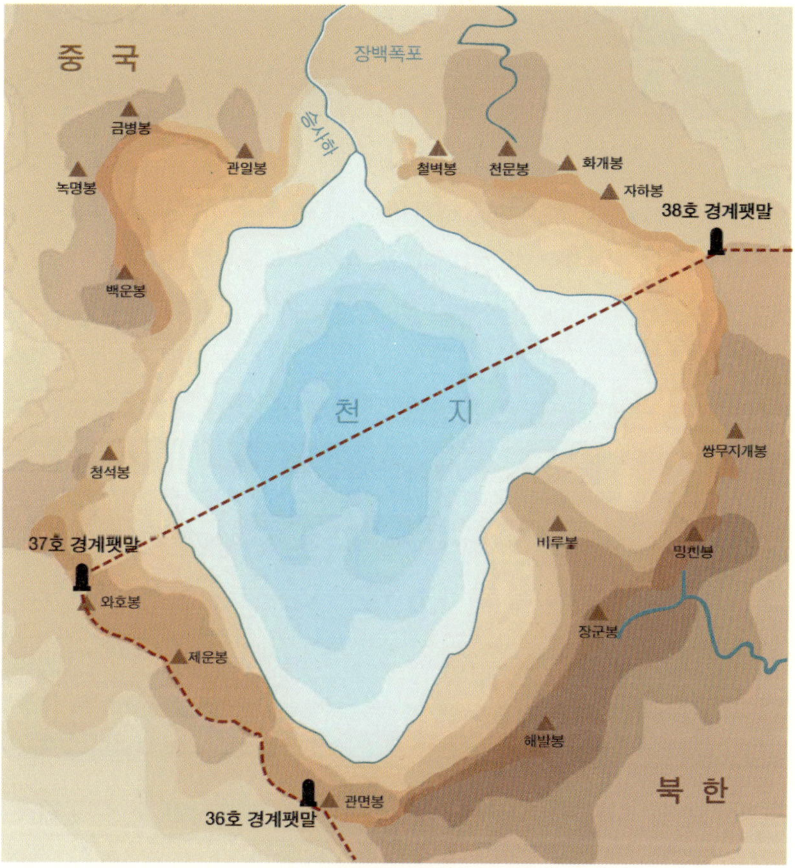

1964년에 확정된 천지 국경선

천지에서 두만강 최상류를 잇는 국경선은 경계팻말 6호2009년 기준 38호에서 거의 직선으로 북한 쪽에서 흘러나오는 홍토수와 홍토수로 유입되는 중국 쪽에서 흘러나오는 지류무슈린허, 母樹林河가 만나는 20호2009년 기준 69호 대형 삼립三立경계팻말까지 약 29km를 직진한다. 그리고 20호 경계팻말부터 홍토수 물줄기를 국경선으로 삼아 2,575m를 내려가

다 중국의 원지圓池에서 발원한 뤄리우허弱流河와 합쳐지는 곳에 21호 2009년 기준 70호 대형 경계팻말이 세워졌다. 백두산 육지경계와 두만강 본류의 분기점을 의미하는 21호 경계팻말은 모두 세 개로 이루어졌다. 그 중 21(1)호가 합수머리의 북한 경내 남서쪽에 세워졌으며 나머지 두 개는 중국 경내에 세워졌다. 21(1)호의 위치는 동경 128° 27′ 19.1″, 북위 42° 01′ 06.9″이다. 이렇게 해서 천지에서 두만강까지 국경을 표시하는 경계팻말은 6호에서 21호까지 16개 지점2009년에 33개 지점으로 증가에 20개가 세워졌으며 국경선의 길이는 31,473.8m였다.

한편 북한과 중국은 9호 경계팻말부터 홍토수가 국경이 되는 20호 경계팻말 사이의 24km에 달하는 삼림 구간의 국경을 명확히 하고 국경관리를 원할하게 하기 위해 너비가 4~8m 되는 통시도通視道를 만들기로 합의하였다. 이 통시도는 6년마다 한 번씩 정리하기로 하였다.

북-중 백두산 동북사면 두만강 쪽 육상 국경의 통시도

이렇게 해서 백두산 천지를 둘러싼 산등성이에서 두만강 시작점까지의 국경선이 확정되었다. 새롭게 확정된 북-중 국경과 간도협약이나 이중하가 청에 제안했던 국경을 비교하면 북한 측이 중국으로부터 상당한 양보를 이끌어 냈음을 알 수 있다. 무엇보다도 백두산정계비의 위치 때문에 협상이 결코 유리할 수 없었던 천지 분할을 관철했으며, 원래 중국 안투현安图县 경내에 있던 신무성을 비롯하여 백두산 동북지역의 상당 부분을 북한영토로 귀속시켰다.[94] 1909년 간도협약과 1962년의 북-중 국경조약에 따른 백두산 지역의 국경면적 변화를 추정한 중국연구에 따르면 "지도 비례척比例尺에 따라 추산하면 중국이 북한에 양보하여 내놓은 영토는 약 1,200km^2였다"고 한다.[95] 한편 북한과 중국은 뒷날 천지에서 두만강으로 이어지는 육상 국경선 상에 중국의 안투와 북한의 신무성을 연결하는 도로를 개설하였다.

북-중 조약에 따른 국경선과 간도협약 시 국경선 비교

94) 북-중 국경조약 체결에 따라 신무성에 주둔하던 중국 변방부대의 주둔군이 상부 명령을 받고 즉각 철수했다고 한다. 《安图县志》 1993年版, 长春, 吉林文史出版社, 1993, 458页.

95) 沈志華·董潔. "中朝邊界爭議的解決(1950-1964년)", p. 45.

여기서 새롭게 확정된 북-중 국경과 그동안 분쟁의 씨앗이 된 간도협약에 기초한 기존의 국경선을 지도상으로 비교해 보면 앞의 그림과 같다.

한편 백두산 일대 북-중 국경선에 세워진 경계팻말들에 대해서는 한 번호에 하나의 경계팻말만 있는 경우 중국 측에서 관리를 책임지고, 한 번호에 두 개인 팻말은 북한 측이 책임지며, 나머지 경우의 경계팻말은 팻말이 소재한 일방이 책임지도록 하였다. 그리고 백두산 지구의 국경에 대해 3년마다 한 차례씩 연합검사를 진행하기로 하였다.

2. 압록강과 두만강 수역의 경계획정

1) 경계획정의 내용

경계로 삼을 하천이 없는 백두산 일대와 달리 압록강과 두만강의 본류가 시작되는 곳부터는 국경획정이 비교적 쉽게 이루어졌다. 북한과 중국은 압록강과 두만강이 흐르는 곳에서는 이 강을 양국 국경으로 삼았다.

'국경조약' 1조는 압록강 본류가 시작되는 지점1호 경계팻말, 2009년 기준 33호 경계팻말에서 압록강 하구에 이르는 곳까지 압록강을 경계로 삼기로 하였다. 그리고 압록강 하구는 북한의 소다사도 최남단에서 신도 북단을 거쳐서 중국의 다둥거우大东沟 이남의 돌출부 최남단까지 이어주는 직선을 압록강과 황해의 분계선으로 삼기로 했다. 이 분계선을 중국에서는 '장하이江海분계'로 호칭하고 북한에서는 '하구계선'으로 불렀다. 이 분계선의 총 길이는 22,249.2m이었다(다음 페이지 지도 참조).

두만강 쪽은 하류가 북한-러시아 국경을 이루고 있기 때문에 홍토수와 러리우허가 합쳐지는 곳21호 경계팻말 지점에서 북-중 국경의 동쪽 끝점중국 지점은 防川까지는 두만강을 경계로 삼기로 하였다.

한편 북-중 양국이 하천경계를 확정하면서 가장 예민했던 사안은 강에 있는 섬들의 귀속문제였다. 이와 관련한 합의내용이 압록강, 두만강

압록강 하구계선(즉, 江海分界)의 기준점들[96]

상의 섬島嶼과 사주沙洲, 모래톱의 소유 획정 기준을 명시한 국경조약 제2조다. 국경조약 제2조 1항에 따르면 양국은 이 조약이 체결되기 전에 이미 일방의 공민에 의해 정착 혹은 개간한 섬과 사주는 해당 일방의 영토로 하며 다시 고치지 않기로 하였다. 즉, 유인도나 이미 개간이 이루어진 섬에 대해서는 그곳 주민의 국적을 따져서 섬의 귀속국가를 정하고, 이후에 홍수나 퇴적 등으로 섬의 형태나 위치가 변해도 귀속국가가 달라질 수 없다고 합의한 것이다.

그런데 이 조항은 역사적으로 압록강과 두만강의 유인도 대부분을 조선인이 개척했다는 점에서 북한에 매우 유리한 것이었다. 당시 강 하구에 대형 섬들이 다수 산재해 있던 압록강에는 유인도나 개간된 섬이 10개 있었으며, 두만강에도 2개가 있었다. 이 중 중국인들에 의해서 개

96) 이후 신도 북단은 비단섬과 붙었으며, 바다였던 다둥거우 남단은 매립되었다.

간된 섬은 두만강 상의 펑티엔다오奉天島뿐이었다. 따라서 국경조약에 따라 중국 쪽에 매우 가까이 위치해서 분쟁 대상이 되어온 황초평황금평을 비롯하여 압록강 상의 유인도有人島 10개가 모두 북한 영토로 편입되었으며, 두만강에서는 두 개의 유인도를 북한과 중국이 각각 1개씩 소유하게 되었다. 이 유인도들의 명칭과 귀속국가, 면적 등을 살펴보면 아래 표와 같다. 그런데 이 섬들 중 일부는 국경조약 체결 뒤에도 홍수와 퇴적 작용 등으로 형태와 면적이 크게 달라졌다. 이 변화를 살펴보기 위해 아래 표에서는 5년마다 경계하천에 대한 공동검사를 실시하도록 한 합의에 따라 이후 실시한 제1차 공동검사 결과를 반영하여 맺은 1975년 의정서뒤에 상술에 나타난 도서 면적을 참고로 밝혀놓았다.

압록강, 두만강에 있는 유인도의 귀속 현황 및 면적 변화

명칭	섬 위치	귀속국가	총면적(㎢)		경작면적(㎢,1964년)
			1964년 의정서	1975년 의정서	
비단섬(綢緞導)	압록강 하구	북한	26.5	57.23	26
황금평(黃金坪)	압록강 하구	북한	10.4	12.53	9.2
유초도(柳草島)	압록강 하구	북한	5.25	5.36	4
신도(新島)	압록강 하구	북한	3	2.79	2
임도(荏島)	압록강 하류	북한	3.37	3.36	3.01
위화도(威化島)	압록강 하류	북한	15.5	15.39	13
다지도(多智島)	압록강 하류	북한	13.4	12.68	12.9
어적도(於赤島)	압록강 하류	북한	5.15	4.55	4
구리도(九里島)	압록강 하류	북한	7.2	6.1	4.5
삼강도(三江島) *1975년 무인도화	압록강 중류	북한	0.63	0.73	0.18
펑티엔다오(奉天島)	두만강	중국	1.11	1.23	0.52
유다도(柳多島)	두만강 하류	북한	1.85	2.57	1.64

국경조약은 또 유인도 이외의 섬과 사주에 대해서는 그것의 위치가 중국 쪽에 가까우면 중국에 속한 것으로 하고 북한 쪽에 가까우면 북한에 속하는 것으로 하였다. 그러나 일방의 강가와 그에 속해 있는 섬과 사주 사이에 있는 섬과 사주는 비록 타방에 더 가깝게 있다 하더라도 일방의 소유로 하였다. 또한 '북-중 국경에 관한 의정서'에 따르면 섬

과 사주는 면적이 2,500m^2 이상의 것과 비록 2,500m^{2}가 되지 않더라도 쌍방이 모두 비교적 고정적이고 이용가치가 있다고 인정하는 것은 실지 감찰을 거쳐서 귀속을 결정하였다. 한편 국경조약은 이후 새로 출현하는 섬과 사주에 대해서는 양국이 국경조약에서 합의한 원칙에 근거해서 귀속을 결정하기로 하였다.

이렇게 해서 압록강과 두만강에서 감찰을 거친 섬과 사주는 의정서를 체결했던 1964년 3월 기준으로 모두 451개였다. '북-중 국경에 관한 의정서' 제9조 1항에 따르면 그중에 북한에 귀속된 것이 264개, 중국에 귀속된 것이 187개였다. 구체적으로 압록강 상의 섬과 사주 205개는 북한과 중국이 각각 127개와 78개씩 나누어 소유하게 되었으며, 두만강에서는 246개의 섬과 사주를 북한과 중국이 각각 137개와 109개씩 나누어 소유하게 되었다. 양국은 이 섬들과 사주에 대해서 압록강 하류 강과 바다가 만나는 분계선 상의 섬에서 시작하여 두만강 하류 북-중 경계 가장 끝 지점에 위치한 섬까지 통일적으로 일련번호를 부여하였다. 그리고 양국은 이 의정서 제9조 4항에 이렇게 나눈 섬과 사주들이 홍수, 물 흐름의 변동 등으로 위치와 형태에 변화가 발생하거나 혹은 강가의 토지가 쓸려내려가 섬이 되거나 혹은 상대방의 육지와 서로 접하게 되더라도 그 귀속에는 변함이 없도록 규정했다. 다만 일방의 섬·사주나 강가의 쓸려 내려간 토지가 다른 일방의 육지와 서로 접하게 될 때는, 그 경계의 분리를 명확히 하기 위해 쌍방의 합의하에 이 분계선상을 준설하거나 여기에 표지를 세우도록 했다(제18조).

그런데 양국은 5년에 한 번씩 경계하천에 대해 공동검사를 실시하고 그 결과 새로 출현한 섬이나 사주가 있으면 협상을 통해 그 귀속을 확정하는 등 후속으로 1964년 의정서를 보완해 나가기로 하였다. 이를 위해 양국은 1972~1975년에 제1차 조-중 국경 공동검사를 진행하였다. 그리고 그 결과를 반영하여 1975년 11월 6일 평양에서 '북-중 국경에 관한 제1차 공동검사 의정서'[97]를 체결하였다.

---

97) "中华人民共和国政府和朝鲜民主主义人民共和国政府关于中朝边界第一次

이 의정서에 따르면 북한과 중국은 직전 10년 동안 압록강과 두만강에 새로 생긴 217개의 섬과 사주에 대한 귀속을 확정하였다. 그 결과 115개는 북한에 귀속되었으며, 102개는 중국에 귀속되었다(제8조). 동시에 양국은 서로 접해 있으면서 경지가 없고 사람이 거주하지 않는 섬과 사주에 대해서는 접한 나라 쪽으로 그 귀속을 변경하는 조정 조치를 취했다(제9조). 그 결과 중국이 북한에 넘긴 섬과 사주가 25개였으며, 북한이 중국에 넘긴 것이 28개였다. 이렇게 해서 1975년 11월 기준으로 북-중 경계하천의 섬과 사주는 모두 553개였으며 그 중 북한 소유가 310개, 중국 소유가 243개였다. 구체적으로 압록강의 섬과 사주가 192개였는데, 그 중 북한 소유가 122개, 중국 소유가 70개였다. 두만강에 소재한 섬과 사주는 361개였으며 그 중 중국 소유가 173개, 북한 소유가 188개였다.

한편 양국이 다시 2차 국경 공동검사를 진행한 것은 1990년부터였다. 그러나 이 공동검사는 북한의 평안북도와 중국의 랴오닝성이 마주 보는 구간에 해당하는 압록강 하류에 새로 생긴 10개의 섬에 대한 귀속 문제를 두고 북-중 간 이견異見이 발생한 까닭에 당시 완결되지 못했다. 즉, 이 부분에 대한 공동검사가 보류된 것이다.[98] 북-중 양국은 이 문제를 장기간 미결 상태로 남겨두는 바람에 2차 국경 공동검사를 반영한 합의문을 만들지 못했다. 아마 1990년대 중반 이후 북한 체제를 위협한 심각한 경제난의 도래와 북핵 문제로 인한 북-중 관계의 악화 등이 양국 간의 원활한 공동검사를 방해했을 것으로 짐작된다. 그러나 북-중 양국은 이미 이견 없이 공동검사를 마친 백두산 일대의 육상 국경에 대해서는 경계팻말을 다시 세우고 수립년도를 1990년으로 새겼다.

그러다가 북한과 중국은 2009년 10월 4일 '국경관리제도와 관련한 협정'[99]을 맺었다. 이 협정이 맺어졌다는 사실은 그전에 양국이 중단되었

联合检查的议定书".『中朝条约, 协议, 议定书 续编』, 吉林省人民政府外事办公室, 1981.4.

98) "鸭绿江口"《百度百科》, (2016.11.27.).

99) 중국어 정식명칭은《中华人民共和国政府和朝鲜民主主义人民共和国政府关

던 2차 국경 공동검사를 재개하여 필요한 조사를 마쳤다는 뜻이다. 현재 이 협정의 존재는 간간히 중국의 공식문서를 통해 이름 정도가 소개되고 있으나 그 내용은 공개되어 있지 않다. 필경 이 협정은 1964년에 맺은 '북-중 국경에 관한 의정서'의 내용을 대폭 보완하면서 한편으로 보다 포괄적인 국경관리 내용을 담고 있을 것으로 추정된다. 현재 북-중 국경선 상의 모든 경계비는 2009년을 기준으로 다시 제작되어 세워졌다. 따라서 북한과 중국이 2차 국경공동검사를 미완으로 남게 만들었던 10개의 도서에 대한 귀속을 어떻게 결정했는지 확인되지는 않지만 이 문제도 해결했을 것으로 짐작된다.

한편 1962년 10월에 체결한 '국경조약' 제3조는 압록강과 두만강 상의 국경의 너비는 어떠한 때를 막론하고 모두 수면의 너비를 기준으로 함으로써 이 두 경계하천 자체가 국경선이 되도록 했다. 즉, 양국은 압록강과 두만강 상의 중앙이나 통항 중심선을 기준으로 양국 국경을 나누는 것과 같은 보편적인 방식을 취하지 않고 강 자체를 경계로 설정한 것이다. 이에 따라 양국은 압록강과 두만강을 공유하며, 양국이 공동으로 관리하고 공동으로 사용하기로 하였다.[100]

북한과 중국은 압록강 하구 바깥에서 공해상까지 이어지는 두 나라 간의 해상분계선은 강해江海 분계선 상의 동경 124° 10′ 6″의 한 점으로부터 시작하여 대체로 남쪽으로 공해에까지 이르는 하나의 선으로 하였다. 즉, 이 선의 서쪽은 중국해역, 동쪽은 북한해역에 속하는 것으로 하였다(3조 2항). 그리고 압록강 하구의 임의의 장소에서 황해바다를 통해 운항하는 양국 선박의 항해를 보장하기 위해 압록강 하구와 바다 분계선 밖의 동경 123° 59′으로부터 동경 124° 26′ 사이의 해역은 양국의 일체의 선박이 자유로이 항행할 수 있게 하였다(3조 3항).

于边界管理制度的协定》.

100) 양국은 1950년대부터 압록강 두만강의 공동이용을 위한 협력을 모색해왔다. 1956년에 압록강과 두만강에서의 목재운송에 관한 의정서를 체결하였고, 1958년에 두만강 치수공사 설계서에 관한 합의서를 교환했으며, 1960년 5월 23일에는 "수상운수 협조에 관한 협정"을 체결하였다.

압록강 하구의 강해(江海) 분계선과 자유항행구

2) 국경 경계팻말 수립의 원칙과 변화

북한과 중국은 국경조약을 맺으면서 경계를 분명히 하기 위해 경계팻말을 세우기로 합의하였다('국경조약' 제4조 1항). 이 조약에 따라 양국은 육상경계 부분인 백두산 일대의 국경선에는 21개 지점에 일련번호가 부여된 경계팻말을 세웠다. 앞에서 설명했듯이 양국은 대형과 소형의 두 종류로 되어있는 경계팻말들에 중국을 향한 면에는 '中国'이라는 글자를 새기고 북한을 향한 면에는 '조선'이라는 글자를 새겼다. 21개 지점의 경계팻말 중 17개가 단립單立, 1개가 두 개로 구성된 쌍립雙立, 그리고 3개가 3개의 팻말로 구성된 삼립三立팻말이었다. 3개의 삼립 경계팻말은 압록강 본류와 백두산 육지가 만나는 경계팻말 1호와 두만강 본류가 시작되기 전에 북한의 홍토수와 중국의 무슈린허母樹林河가 만나는 지점과 두만강 본류가 시작되는 지점에 세워졌으며, 각각에는 (1)(2)(3)의 일련번호가 새겨졌다. 1개의 쌍립 경계팻말로 이루어진 경계비는 2호였다.

이처럼 같은 국경선에서 분계지점 경계팻말의 숫자가 다른 것은 분계지점이 지닌 특성 차이 때문이다. 즉, 육상에 세워지는 경계팻말은 하나로 족하다. 그러나 국경 자체가 하천임에도 불구하고 경계팻말이 필요한 경우에는 양국의 하천가에 하나씩 세우게 된다. 또 경계하천과 내부하천이 교차하는 곳에는 동일한 번호를 지닌 3개의 경계팻말을 세운다. 이러한 원칙은 국경이 경계하천인 압록강과 두만강 본류에서는 원칙적으로 적용되지 않는다. 다만 이 경계하천들의 본류와 육상경계선이 만나는 백두산 기슭에서는 불가피하게 동일 경계지점에 동일번호를 가진 복수의 경계팻말을 세우게 된 것이다.

한편 경계하천의 경우 하천 너비 자체를 국경선으로 삼기 때문에 경계팻말을 설치하지 않았다. 다만 함경북도 경원군과 중국 옌볜조선족자치주 훈춘현珲春县 사이를 흐르는 두만강 하류에 위치한 북한령 매기도와 중국령 왕쟈퉈즈다오王家坨子島가 서로 붙어 있어서 이곳에 두 개의 경계비를 세워 분계표시를 하였다. 그러나 이 경계비들은 백두산의 경계비와 달리 번호를 부여하지 않았다.

북한과 중국은 압록강과 황해를 구분하는 하구계선, 즉 강해분계江海分界도 소다사도 최남단동경 124° 24′ 31.25″, 북위 39° 48′ 22.64″과 신도 북단동경 124° 13′ 43.59″, 북위 39° 49′ 21.30″, 그리고 중국의 다둥거우 이남의 돌출부 최남단동경 124° 09′ 02.25″, 북위 39° 49′ 46.49″ 등 세 곳에 각각 하나씩 분계표지를 세웠다. 철근과 콘크리트로 만들어진 이 분계표지의 동면즉, 북한 방향에는 '하구계선'이란 글을 새겨놓고 서면즉, 중국 방향에는 '강해분계江海分界'라고 생겨놓고 그 아래 소다사도-신도-다둥거우 순으로 일련번호를 새겼다.[101)]

단둥시 다둥거우 남단 江海分界(지금은 매립되어 항구 내 위치)

이상의 경계팻말 관리는 북한과 중국이 2009년에 새로운 국경관리협정을 맺기 전까지 대체로 그대로 지켜졌다. 다만 1975년 '북-중 국경에 관한 제1차 공동검사 의정서'에 따르면 북-중 양국은 그동안 경계하천에서 발생한 변화를 반영하여 몇 가지 추가적인 조치를 취하였다. 먼저 북한과 중국은 압록강 중류에 운봉댐이 만들어지면서 발생한 하천변화를 반영하여 압록강 강가에 경계팻말을 세웠다. 1967년 중국의 지안시 칭쉬靑石와 북한의 자강도 자성군 운봉 사이에 운봉발전소가 완공되었다. 그런데 이 발전소는 도수관導水管 터널을 뚫어 낙차를 크게 하여 발전하는 댐수로식 발전소였다. 이 방식으로 인해 운봉댐의 물이 홍수기를

101) "江海分界碑与分界线"《东港新闻网》, (2013.5.28.).

제외하면 압록강 본류인 댐 밑으로 곧장 흐르는 것이 아니라 발전소가 있는 하류로 방류되게 되었다. 그리고 이로 인해 운봉댐 바로 밑에 위치한 압록강은 평소에는 거의 물이 흐르지 않는 마른 물줄기가 되어 버렸다. 즉, 압록강의 운봉댐 하류구간 일부가 '간헐적인 강줄기间歇性干江'가 된 것이다.

운봉댐 하류 압록강의 마른 물줄기(2015년 11월)

이 마른 물줄기가 다시 본연의 강의 모습을 찾는 것은 북한 지역을 흐르는 삼풍천三豊川이 자강도 운봉노동자구에서 압록강으로 유입되는 곳부터이다. 북한과 중국은 바로 이 마른 물줄기 구간에 대해서 1972년 10~12월에 연합검사를 실시하여 대체로 대칭이 되게 양국 강가에 6쌍의 대형 경계팻말을 세워 분계표시를 하였다('제1차 공동검사 의정서' 제1조·제6조).

'제1차 공동검사 의정서' 에는 이밖에도 1964년 '북-중 국경에 관한 의정서' 체결 이후 압록강에서 발생한 하상변화로 인해 중국 땅에 접해버린 북한의 수구도水口岛와 중국 영토를 구분하기 위해 동쪽과 서쪽 경계에 각각 1개씩 두 개의 경계팻말을 세우되, 번호는 부여하지 않기로 했다(제2조). 아울러 작은 사주끼리 접하거나 상대방 육지에 닿은 작은 사주 등에 대해서는 분계를 위해 나무를 심도록 했다(제11조).

그런데 2009년 새로운 국경관리협정 체결을 계기로 북-중 경계에서 경계표시와 관련하여 커다란 변화가 일어났다. 먼저 북한과 중국은 그동안 백두산 일대 육상 경계를 중심으로 경계팻말을 세웠던 기존 방식을 버리고 압록강과 두만강의 경계하천에도 곳곳에 경계팻말을 세웠다. 협정문 내용을 확인하지 못한 상태에서 양국이 경계팻말 수립에 새롭게 어떤 원칙을 적용했는지 단정적으로 설명할 수는 없다. 그러나 2009년에 갱신된 경계팻말들을 전수조사 방식을 통해 분석해보면 대충 변화의 내용을 알 수 있다.

북한과 중국은 경계하천에서 양국을 이어주는 교량기능정지 교량 제외이나 국경통과지점에 각각 하나씩의 동일한 일련번호를 지닌 경계팻말을 세웠다. 교량의 경우 그 끝에는 필연적으로 국경통과지점이 존재하지만 경계팻말은 양국이 대칭으로 하나씩 세웠다. 이때 중국 쪽에 세워진 팻말에는 일련번호 밑에 (1)을 북한 쪽 팻말에는 (2)를 새겨 넣었다. 예컨

북-중 87호 경계팻말(중국의 투먼시와 북한의 남양노동자구에 소재)

중국 쪽 단둥 중조우의대교와 지안 압록강철교의 경계팻말

대, 옌볜조선족자치주 투먼시图们市와 북한의 함경북도 온성군 남양노동자구를 연결하는 교량에는 87호 경계팻말이 북-중 양국의 교량 끝 주변 영토에 각각 사진과 같이 세워져 있다.

북한과 중국은 수운水運 국경통과지점에도 경계팻말을 세웠다. 압록강에는 신의주와 단둥을 선박운항으로 연결하는 국경통과지점을 비롯하여 모두 3군데의 수운 국경통과지점이 있다자세한 내용은 5장 참조바람. 바로 이 수운 국경통과지점들에도 양국에 각각 하나씩의 경계팻말을 세웠다. 아래 사진은 북한 자강도 위원읍과 배로 오가는 중국의 라오후샤오老虎硝 국경통과지점과 경계팻말이다.

라오후샤오 국경통과지점과 경계팻말

북한과 중국은 경계하천의 댐에도 양측에 각각 하나씩의 경계팻말을 세웠다. 아래 사진은 국경통과지점을 겸하고 있는 운봉댐 상부에 세워진 북-중 양국의 경계팻말이다.

운봉댐의 북-중 양국 경계팻말

북한과 중국은 국경조약 체결 후 시간이 지날수록 경계하천에서 일방의 섬이 상대방 영토에 접하는 현상이 빈번해지자 이런 곳에도 경계팻말을 세워 분계를 확실히 하였다. 대표적인 곳이 압록강 하류다. 압록강 하구의 섬들은 대부분 근대 이후 진흙모래가 퇴적되면서 형성되었다. 북-중 국경협정 체결 이후에도 압록강 하구에서는 중국 쪽에 가까이 있던 북한의 유인도들이 압록강 하류의 충적흐름의 변화로 인해 급격히 면적이 커지고 중국 영토에 인접하는 현상이 발생했다. 특히 북한의 비단섬의 경우 1964년 '북-중 국경에 관한 의정서'를 체결할 당시 26.5km^{2}였던 면적이 11년 후 '북-중 국경에 관한 제1차 공동검사 의정서'를 체결할 당시에는 57.23km^{2}로 늘어났다. 2016년 현재는 더 늘어나 67km^{2}가 되었다. 이처럼 비단섬이 커지면서 서쪽에 있는 중국 쪽 영토와 사실상 인접하게 되어 상류에서 흘러온 압록강 민물의 98%가 비단섬을 중심으로 동쪽 강줄기를 통해 바다로 유입되었다. 따라서 그동안 비단섬과 중국 영토 사이에 존재했던 뱃길즉, 西水道이 갈수기에는 진흙으로 막혀버리는 사태가 발생하였다.[102)] 그러나 60여년 전만 해도 비단섬의 서쪽 강

102) 압록강 하구에서 황해로 진출하는 수로는 이 서수도(西水道)와 함께 중수도(中

줄기는 압록강과 서해를 잇는 중국 측이 이용하는 중요한 입해入海 통로였다. 심지어 20세기 초반만 해도 3천톤급 선박이 오갈 수 있는 주요한 입해통로였다.[103] 따라서 중국은 어선과 소형선박들의 왕래라도 가능하도록 하기위해서 북한과 협의를 거쳐서 2008년에 비단섬과 중국 영토 사이의 서수도西水道를 준설하여 다시 배가 다닐 수 있도록 하였다.

압록강 하구의 비단섬(그림 좌) 위치와 준설된 서수도(사진 우)

비단섬이 중국영토와 연륙連陸하게 되면, 중국은 압록강 출해 통로 중 하나를 상실하게 되는 것이므로 이를 막기 위해 서수도를 준설하였다. 이로써 비단섬은 인위적이긴 하나 여전히 섬으로 남게 되었다. 그러나 비단섬 바로 상류에 위치한 황금평의 연륙은 막을 수 없었다. 황금평은 1964년 의정서 체결당시 10.4km²였으나 10년 후에는 12.53km²로 커지면서 중국영토와 거의 붙어버렸다. 비단섬의 경우처럼 연륙한 곳에 수로를 파야할 이유도 없었기 때문에 황금평과 중국영토가 접한 곳에는 마치 육상 경계처럼 단립單立 경계팻말을 세웠다. 압록강 하류에 소재한 랴오닝성 단둥시에는 이러한 경계팻말만 15개가 있다.

水道), 동수도(东水道)가 있다. 이 중 동수도는 사실상 북한 내해로의 진출이기 때문에 중국이 서수도를 활용하지 못한다면 중국 선박들은 오직 비단섬과 북한 본토 사이에 있는 중수도만을 사용해야 한다.

103) "鸭绿江口", 《百度百科》, (,baike.baidu.com/view/1721003.htm.2016.11.25)

한편 2009년부터는 경계팻말에 부여한 일련번호도 바뀌었다. 1964년 의정서에서는 경계팻말을 백두산의 물이 흐르지 않는 곳에만 세웠다. 그러나 2009년에는 경계하천 내 섬의 연륙連陸지점이나 국경통과지점, 댐 등에 경계팻말을 세움으로써 일련번호를 압록강 하류부터 시작해서

압록강 하구의 북한 황금평과 중국 영토를 가르는 1호 경계팻말

황금평과 중국영토를 가르는 5호 경계팻말

상류로 거슬러 올라가서 천지를 건너 두만강 하류로 이어지는 순서대로 부여했다. 뿐만 아니라 백두산 일대 경계비는 과거보다 훨씬 촘촘하게 늘려서 세웠다. 그러다 보니 원래 1호 경계비는 33호가 되었으며, 많은 한국 관광객이 오르는 백두산 서파에 세워진 5호 경계팻말은 37호로 변경되었다. 그리고 두만강 본류가 시작되는 21호 경계팻말은 70호가 되었다.

그런데 이 경계팻말의 번호는 앞으로도 계속 변화될 가능성이 크다. 압록강에는 이미 완공단계에 있는 신설 교량이 2개 있으며, 건설 중인 수력발전소도 두 개가 있다. 두만강 일원에서도 새로운 교량 건설이 추진되고 있다. 이것들이 완공되어 제 기능을 하게 되면 양국은 다시 일련번호를 갱신해야 할 것으로 보인다.

백두산 서파 경계팻말 번호의 변화(1990년→2009년)

제4장

북-중 국경획정의 특징과 영토정치

제4장

북-중 국경획정의 특징과 영토정치

1. 북-중 국경획정 과정에서 나타난 특징

지금까지 살펴본 북-중 국경획정은 그 과정이나 결과에서 다른 나라들의 국경획정과 비교해 몇 가지 뚜렷한 특징을 보이고 있다.

첫째, 북-중 국경획정은 비교적 단기간에 외교적 방식을 통해 평화적으로 이루어졌다. 국경문제의 해결방식을 크게 평화적 방식과 물리적·강제적 방식으로 나눌 수 있다면, 북-중 간 국경획정은 전형적인 평화적 방식으로 이루어졌다. 그리고 국제사법기구에 의존하는 식의 사법적 방식도 동원하지 않았다. 북한이 공식적으로 협상을 제의한 때부터 협정체결까지 소요된 시간이 불과 8개월에 불과할 정도로 협상기간도 짧았다.

이러한 점들은 중국이 국경문제를 처리하는 과정에서 소련, 인도, 베트남 등과는 무력충돌을 불사했으며, 미얀마 등과의 협상에도 긴 시간과 노력이 들었다는 사실을 감안하면 대조적인 것이다. 이는 북-중 국경협상이 상대적으로 우호적이고 순탄하게 진행되었음을 뜻한다.

사실 이러한 결과는 신중국 성립 이후 국경문제를 대체로 협상을 통해 해결해 온 중국외교의 방향과 일치하는 것이다. 역사 통계를 살펴보면 중국공산당 정부는 영토갈등을 다루는 데 있어 일반적인 외부인식과 달리 강압이나 물리적 방식보다 우호적인 협력적 수단을 더 많이 사용했다. 예컨대, 중국은 1949년 건국 이래 23번의 국경분쟁을 겪었는데

그 중 17번을 협상을 통해 해결하였다.[104)]

한편 북-중 국경 문제가 짧은 기간에 외교적 방식으로 해결되었다는 것은 달리 표현하면 강대국인 중국의 대폭적인 양보가 있었다는 뜻이다. 당시 중-소 분쟁 속에서 북한의 전략적 가치가 고평가된 것이 양보를 이끌어낸 핵심요인이었다.

다른 한편 중국으로서는 북한과의 국경문제가 상대적으로 쉬운 문제이기도 했다. 즉, 북-중 국경문제는 '백두산 경계획정'이라는 예민한 쟁점을 안고 있었지만 중국이 다른 나라들과 겪고 있는 국경갈등에 비하면 훨씬 덜 심각하고 덜 복잡한 문제였다. 중국이 국경협상에서 대폭 양보한 또 다른 나라인 몽골과 비교해 보면 북-중 국경문제가 상대적으로 간단한 과제였음을 쉽게 알 수 있다. 즉, 중국과 몽골 사이에는 4천여 km의 국경선이 미획정 상태였으며 쟁점지역에 대해 서로 주장하는 영토면적의 차이도 매우 컸다. 양국에서 출판한 지도 중에서 가장 차이가 큰 것은 19만km^2, 가장 차이가 덜 나는 것는 5만km^2였다.[105)] 이에 비하면 중국정부 입장에서 백두산 경계획정을 둘러싼 이견은 상대적으로 작은 문제였을 것이다.

한편 중국은 국경협상에서 전략적 고려 아래 북한에 양보한 것과 같은 맥락에서 국경획정 직후인 1965년 1월에 사대조공질서 시대를 상징하는 신의주 건너편의 압록강가의 중국 도시인 안둥安東을 단둥丹東으로 개칭하였다. 이러한 도시 명칭의 변경은 북한-중국 간 각종 협정에 1965년부터 안둥安东이 단둥丹东으로 바뀌어 기록되고 있는 데서 확인된다.[106)] 중국정부가 북-중 국경조약 및 의정서 체결을 계기로 동맹인 북한과의 평등·우호 관계를 고려하여 봉건시대 중국 왕조가 화이사상華

104) M. Taylor Fravel. "Regime Insecurity and International Cooperation: Explaining China's Compromises in Territorial Disputes", p. 46.

105) 曲星. 『中国外交 50年』, pp. 219-220.

106) 『中朝, 中苏, 中蒙 有关条约, 协定, 议定书 滙编』, pp. 123~124 참조. 이를 확인할 수 있는 다른 자료로는 http://travel.network. com.tw/china-guide/p103263.html(旅游 自讯王)2013.9.6 검색.

夷思想에 기초하여 '동쪽의 오랑캐를 안정시킨다'는 의미를 가지고 쓴 '안동安東)이라는 지명을 버리고 단동丹東으로 바꾼 것이다. 이로써 서기 668년 당나라가 신라와 함께 고구려를 멸망시키고 그 위에 안동도호부를 두면서 생긴 이 명칭이 사라졌다.[107] 중국정부는 같은 맥락에서 고구려의 옛 도읍이었던 지안辑安도 1965년 1월에 현재의 지안集安으로 바꾸었다.[108]

둘째, 북한과 중국은 국경획정에 국제적으로 적용되어 온 보편적 방식에서 벗어난 특별한 방식을 적용하였다. 양국은 압록강과 두만강을 국경으로 삼으면서 '국경선이 하천에 의해 결정될 경우 일반적으로 배의 항행이 불가능한 하천은 하천 중앙선을 기준으로 하되, 항행이 가능한 경우 주된 수로의 중앙선을 국경선으로 삼는 국제법의 일반원칙'과는 다르게 하천경계를 획정하였다.

국제법 상의 국경선은 자연적 경계와 인위적 경계artificial boundaries로 나눌 수 있다.[109] 북-중 국경의 경우 크게 보아 압록강과 두만강이 경계가 된 구역은 자연적 경계이며 강물이 흐르지 않는 백두산 천지 일대의 45km 국경 구간은 자연적인 경계가 될 수 있는 산맥의 분수령이 없는 지역을 나누었으므로 인위적 경계라고 할 수 있다.

그런데 전통적으로 하천에 의한 국경 결정은 그로티우스Grotius 원칙에 따라 중앙선을 기준으로 삼았다. 그러나 이 원칙은 항행이 가능한

107) 같은 맥락에서 광시장족자치구(广西壮族自治区)에 소재하는 베트남으로 통하는 관문을 명대(明代) 초기부터 남쪽 오랑캐를 억눌러서 평정시킨다는 의미를 지닌 진남관(鎭南關)이라고 불렀는데, 이를 중국정부는 1953년에 남쪽과의 화목을 의미하는 목남관(睦南關)으로 바꾸었다가 1965년에 우의관(友誼關)으로 바꾸었다.

108) 輯安의 기원은 사기(史記) 사마상여열전(『司馬相如列傳』)에 나오는 "輯安中國"이라는 말이다. 그러나 중국의 관련연구나 필자가 자문을 구한 한학자들은 이 말에 오랑캐를 안정시킨다는 식의 뜻이 담겨 있지 않다고 본다. 그렇다면 중국정부가 당시 북-중 관계를 위해 과민하게 판단하여 輯安을 集安으로 바꾸었다는 얘기가 된다.

109) 김정권 외. 『국제법』, 서울, 박영사, 2010, 272쪽.

하천에서 항행 가능한 수로가 하천 중앙선과 일치하지 않은 경우에 하천 수로를 따라 진행하는 배가 때로는 이 국가영토에 있다가 때로는 저 국가영토에 있게 되는 예기치 못한 문제들을 야기하였다. 이로 인해 이 원칙은 19세기 초에 항행이 가능한 하천의 경우 주된 수로의 중앙선을 국경선으로 삼는 탈베그Thalweg 원칙으로 수정되었다.[110] 다만 교량의 경우 언제나 교량의 중앙선이 두 국가 간의 국경선을 구성한다는 원칙에 따라 일반적으로 탈베그 원칙을 적용하지 않는다.[111]

그러나 북-중 국경조약은 교량의 경우만 국제 관례에 따라 교량 중앙선을 국경으로 삼았을 뿐, 다른 부분은 탈베그 원칙도 그로티우스 원칙도 적용하지 않고 아예 양국이 두 하천에 따로 경계를 긋지 않고 하천 전체를 경계로 삼아 공동관리, 공동사용하기로 하였다. 즉, 북-중 양국의 배는 상대국의 강가에 닿지 않는 한 어느 쪽에서 항행해도 상관이 없게 된 것이다. 뿐만 아니라 앞에서 살펴본 것처럼 1964년 3월에 맺어진 '북-중 국경에 관한 의정서'에서 귀속을 확정한 압록강과 두만강 상의 섬과 사주들에 대해서는 앞으로 홍수, 물 흐름의 변동 등으로 위치와 형태에 변화가 발생하고 상대방의 육지와 인접하게 되더라도 그 귀속에는 변함이 없도록 규정했다.[112]

이러한 북-중 국경조약의 내용은 국제관례와 다를 뿐만 아니라 북한이 두만강 하류를 두고 러시아와 맺은 국경조약 내용과도 다른 것이다. 북한과 러시아는 두만강 하상의 주항로主航路의 중앙선을 국경으로 삼아왔다.[113] 따라서 매년 홍수 때마다 지형이 크게 바뀌는 하천 하류의

110) 김정권 외. 앞의 책, 272쪽.

111) 김정권 외. 앞의 책, 273쪽.

112) 물론 1975년에 양국 간에 맺어진 '북-중 국경에 관한 제1차 공동검사 의정서'에 나타나듯이 지형변화로 인해 그 필요성이 인정될 때는 양국 합의하에 이 기존 섬과 사주에 대한 소유주체를 변경할 수 있다.

113) 『苏维埃社会主义共和国联盟与朝鲜民主主义人民共和国关于调整苏朝国界的条约』, (1985년 4월 17일 체결, 평양) 제1조 〈www.pkulaw.cn/fulltext〉, (2016.11.29.).

특성으로 인해 1957년 중-소 국경조약 체결 이후 국경선 재획정의 필요성이 수시로 제기되어 왔으며 양국은 1990년대와 2000년대에도 지속적으로 실측조사와 재획정再劃定을 위한 조약을 맺어왔다.

그렇다면 북한과 중국은 경계하천에 대해 왜 국제관례에 벗어나서 이러한 합의를 한 것일까? 아마 국경획정 후 추가적으로 발생할 수 있는 국경에서의 분쟁 요소들을 원천적으로 차단하려는 의도였을 것으로 추측된다. 국제적으로 국경하천에서 경계 문제는 홍수 등으로 인해 물줄기가 바뀌고 섬의 위치가 변동되면서 빈번히 국경분쟁의 요인이 되어왔다. 아마 국경조약이 양국 역사상 가장 공고한 동맹시기에 맺어졌기 때문에 북한과 중국은 잠재적 분쟁요인을 원천적으로 봉쇄하기 위해서 압록강과 두만강 전체를 공유하천으로 했을 것이다.

그런데 이러한 북-중 간 국경획정 방식에 중국과 소련의 국경을 흐르는 우수리강을 둘러싼 중-소 갈등이 적지 않은 영향을 미친 것으로 짐작된다. 중국의 전신인 청 왕조는 강성했던 강희제 시절 러시아와 네르친스크조약을 맺어 국토를 동東으로 오호츠크해까지 넓혔다. 그러나 서구 제국주의의 압박 아래 1858년과 1860년에 각각 아이훈조약과 베이징조약을 맺어 약 40만km^2에 달하는 연해주 일대를 러시아에 넘기고 러시아와 인접한 동북부 국경에서 우수리강까지 서남쪽으로 후퇴하게 되었다. 그조차도 우수리강을 경계로 하되, 우수리강과 이 강의 모든 섬은 러시아의 영토로 하고 국경을 중국 쪽 우수리강 연안으로 하는 기형적인 불평등 조약을 맺었다.[114] 중국정부는 이 불평등 조약은 인정했지만, 기형적인 우수리강 연안 국경획정은 바로잡을 필요가 있다고 보고 소련정부에 강상江上에서 경계를 나눌 것을 요구했다. 소련도 이에 이해를 표시했지만 1950년대 말부터 중-소 분쟁이 시작되자 양국 간에 이 문제가 국경분쟁으로 비화되기 시작했다.[115] 바로 이런 와중에 중국은

114) 이정남. "중국과 러시아 간의 영토분쟁과 해결방식" 이동률 외. 『중국의 영토분쟁』, 서울, 동북아역사재단, 2008, 49~55쪽.

115) 이 분쟁은 1969년에 이르러 급기야 우수리강 강상의 전바오다오(珍宝岛)에서 중

북한과 압록강과 두만강을 경계로 하는 국경획정에 합의하였다. 따라서 우수리강 국경의 일방성과 불평등성을 강조해온 중국으로서는 북-중 국경하천을 국제법의 관례를 넘어서 가장 '우호적이고 평등하게' 순리적으로 해결함으로써 소련에 대해 타산지석의 교훈을 주며 대소 협상에서 도덕적 우위에 서고자 하는 의도도 가졌을 것이다.

셋째, 북-중 국경조약은 '제국주의 시대에 자신에게 강요되었던 불평등 조약도 인정한다'는 중국의 국경협상원칙이 거꾸로 적용된 예외적 조약이었다. 중국은 청말淸末 서구 제국주의 국가들과의 불평등 조약으로 거의 200만km^2에 달하는 영토를 상실했다. 따라서 중국과 영토문제를 안고 있는 주변 국가들은 중국이 제국주의 시대에 맺어진 불평등 조약의 부당성을 내세우며 영토 권리를 주장할지도 모른다는 점을 우려하였다.[116] 그러나 중국은 이 불평등 조약들을 부정하지 않고 기존에 획정된 국경을 인정하는 현상유지 정책을 추구하였다. 앞의 제2장에서 살펴보았듯이 중국은 국경협상을 할 때 전체 역사 모두를 근거 삼지 않고 중국 역사의 '마지막 한시기'인 청조 말이나 북양北洋시기, 혹은 민국民國시기에 중국정부와 외국정부가 행한 국경문제 교섭 자료를 법리근거로 삼는다는 원칙을 확립하였다. 즉, 제국주의 시대 불평등 조약도 원칙적으로 인정하겠다는 것이다.

이에 따라 중국은 주변 국가들과 청말 불평등 조약을 인정한 가운데 국경협상을 전개하였다. 예컨대, 중국은 소련과의 국경협상에서도 19세기 청과 러시아가 맺은 일련의 국경조약이 불평등 조약이라고 주장하면서도 그 법리적 효과는 원칙적으로 인정하였다. 따라서 1991년 5월에 우수리강 국경문제를 해결한 중-소 동부국경협정을 맺을 때도 19세기

소전쟁으로까지 비화되었다. 이와 관련해서는 이정남. 앞의 논문, 56~68쪽 및 최덕규. "중소관계와 국경분쟁-전바오다오 사건(1969)을 중심으로" 안병우 외. 『중국의 변강인식과 갈등』, 경기 오산, 한신대출판부, 2007, 참조.

116) Fravel, M. Taylor. "Regime insecurity and international cooperation: Explaining China's compromises in territorial disputes." *International Security* 30.2 (2005): 46-83, p. 60.

러시아와 중국 간 체결된 국경조약을 원칙적으로 인정하고 그 위에 부분적인 개정을 추구하였다.[117)]

그런데 청나라가 대한제국을 강점한 제국주의 일본과 불평등하게 맺은 간도협약과 관련해서는 모순적인 상황이 발생하였다. 중국은 이 협약에 근거한 국경획정을 주장한 반면에 북한을 포함한 한국인들은 일본이 백두산을 일방적으로 중국에 할양한 부당한 조약이라며 이를 인정할 수 없다는 입장을 보였다. 이는 한국인들이 보기에 일본이 만주의 이권을 보장받는 대신에 간도영유권 주장을 포기하면서 백두산 일대의 국경문제를 소홀히 다루었다고 보기 때문이다. 물론 더 본질적인 점은 국권상실 시대에 타자에 의해서 맺어진 협약은 무효라는 원칙일 것이다.

사실 일본이 간도영유권을 주장한 것은 그들의 침략주의 정책과 맞닿아 있는 것이지만 한국인의 입장에서 백두산 천지에 대한 영유권 수호는 일정한 면적의 영토수호 차원을 넘어서 자기 정체성을 확인하는 문제였다. 만주족이 백두산과 천지를 신성시했기 때문에 청나라도 이 문제에 집착한 것과 같은 맥락이다. 그러나 일본에게 백두산 천지는 한낱 산정호수에 불과하다. 따라서 천지를 양보하는 것은 그저 자신이 점령한 몇 백km^2의 땅을 떼어주는 것에 불과하다고 보았기 때문에 간도영유권을 포기한 마당에 굳이 이 문제를 가지고 청과 실랑이를 벌일 이유를 찾지 못했을 것이다.

따라서 중국 입장에서도 불평등하게 맺은 간도협약이지만 북한의 입장에서는 이 협약이 만들어 낸 백두산 일대의 국경선을 받아들일 수 없었을 것이다. 결국 북한은 일본과 청이 맺은 간도협약을 거부하고 중국에 기존 국경에 대한 현상변경을 요구하여 이를 관철시켰다. 이는 자신을 지배했던 제국주의 국가가 중국과 맺은 불평등 국경조약을 계승한 다른 나라들과는 대조적인 모습이었다.

---

117) 최덕규, "중소관계와 국경분쟁-전바오다오 사건(1969)을 중심으로", 295쪽.

2. 북-중 국경획정과 영토정치

1) 북-중 국경획정에 대한 전략적 평가

북-중 국경획정의 과정과 결과를 두고 누가 더 이익을 보았는가라는 질문을 던지면 그 대답은 비교적 분명하다. 대개 사람들은 이 경우 영토적 득실로 승패를 가리려고 한다. 이런 기준으로 보면 북한이 더 많은 이익을 챙겼다. 북한은 원하는 바를 거의 다 얻었고 중국은 그만큼 양보를 하였다. 이는 국경협상의 쟁점이 되었던 백두산 천지 일대에서 중국은 자신이 협상기준으로 제시했던 간도협약 때의 국경에 비해 1,200km² 를 북한에 더 내주었으며, 압록강 하구의 황초평황금평도 '일방의 공민에 의하여 정착 혹은 개간한 섬과 사주는 해당 일방의 영토로 한다'는 조약 내용에 따라 북한에 양보한 객관적 사실에서 쉽게 증명된다.[118]

국경획정 당시 양국의 반응에서도 영토적 관점에서 누가 만족하고 누가 양보했는지가 확연히 드러났다. 북한은 국경조약 체결 직후 간행된 《조선중앙연감》에 최초로 천지를 북-중 경계선으로 하는 우리나라 지도를 첫 페이지에 실음으로써[119] 만족감을 나타냈다. 또한 '북-중 국경에 관한 의정서'를 맺은 직후인 1964년 8월에 새로이 확정된 국경을 중국 측으로부터 확인하기 위해 서둘러 각종 경로를 통해서 중국대사관에 새 중국지도를 요청하였다. 이에 중국 측은 새 지도가 아직 출판되지 않았다고 답신하고 새 지도가 출판되는 대로 전달할 것을 약속하였다.[120] 그리고 1965년 1월에 중국 국무원은 내부 통지를 내려 1964년 6

---

118) 물론 북한 입장에서는 단순히 강대국인 중국을 상대로 영토 일부를 되찾거나 확장했다는 차원을 넘어서는 득을 보았다. 무엇보다도 한민족의 성산인 백두산의 여러 봉우리와 천지를 되찾았다는 것이 가장 큰 소득이었다고 평가할 수 있다.

119) 《조선중앙년감》(1962년판)평양, 조선중앙통신사, 1962.12 참조.

120) "駐朝使館致對外文委電" 1964年 8月 17日; "對外文委致駐朝使館電" 1964年 9月 3日 3日, 外交部檔案館, 114-00174-01, p. 25027, 沈志華·董潔. "中朝邊界爭議的解決(1950-1964년)", p.45에서 재인용. 그러나 사실은 중국은 1964년 6월 지

월 이전에 출판된 모든 지도의 판매와 수출을 중단시켰다.[121] 북한은 1965년 4월에는 중국 주재 북한대사관을 통해 중국 측에 북한에서 출판된 표준 북한지도를 보내면서 중국이 앞으로 북한지도를 펴낼 때 이를 기준으로 삼아줄 것을 희망하였다.[122] 이러한 일련의 과정은 북한이 북-중 국경획정 결과에 매우 만족했음을 보여주는 것이다.

반면에 중국에서는 이 국경획정에 대해 너무 많이 양보한 것 아니냐는 내부 불만이 있었던 것으로 추측된다. 이는 국경획정 직후 발생한 '문화대혁명' 과정에서 옌볜조선족자치주의 조선족 지도자들이 국경문제로 수난을 받았던 데서 잘 드러난다. 무엇보다도 홍위병들은 옌볜 조선족의 최고지도자인 자치주 주장 주덕해[123]를 공격하면서 그가 북한과의 국경획정 담판의 기회를 틈타 "마음대로 국토를 팔아먹었다"며 이를 '제1의 죄상'으로 내세웠다. 그들이 예로 든 주덕해의 주요 '죄상'은 다음과 같은 것들이다.[124]

- 주덕해가 영토를 팔아먹을 여론을 조작하였다. 예를 들어 백두산 천지를 시찰하고 온 길림성 외사처 간부에게 "조선에서는 천지를 백의 동포의 발원지라고 하오. 나는 어렸을 때 벌써 이런 이야기를 들었소.

도출판사에서 최신 중국 전도(全圖)를 출판하면서 북한과 중국의 국경선을 1962년 조약에 의거 제작하였다("國務院關於地圖上我國邊界線和法的內部通知" 1965年 1月 18日, 江蘇省檔案館, 3124-0124, 短期, pp. 43-46, 沈志華·董潔. 앞의 논문, p. 45에서 재인용).

121) "國務院關於地圖上我國邊界線和法的內部通知" 1965年 1月 18日, 江蘇省檔案館, 3124-0124, 短期, pp. 43-46 및 "外貿部關於涉及我國邊界線的地圖出口管理問題的通知" 1965年 1月 31日, 江蘇省檔案館, 3124-0124, 短期, pp. 47-48, 沈志華·董潔. 앞의 논문, p. 45에서 재인용.

122) "外交部與朝鮮駐華使館交涉情況" 1965年 1月 25, 日至12月 25日, 外交部檔案館, 106-01225-05, pp. 97-98, 沈志華·董潔. 앞의 논문, p. 45에서 재인용.

123) 주덕해는 홍위병의 탄압으로 1972년 7월 61세의 일기로 사망하였다.

124) 이하의 홍위병이 주장한 주덕해에 대한 '죄상' 내용은 홍위병 연길시 홍색반란대군 외 《연변 당내의 자본주의 길로 나가는 가장 큰 집권파 주덕해의 매국 죄상》, 중국 연길시, 1967년 7월 24일, 1쪽.

심지어 소학교 교과서에까지 말했는데 천지를 더러 조선에 주지 않으면 김××김일성을 가리킴-인용자주가 인민에게 무어라고 하겠소. 더욱이 남조선이 있지 않소"라고 말했다.

- 주덕해가 중국 영토를 팔아먹었다. 주덕해는 1963년 3월에 조선 측과 국경획분 담판을 진행할 중국 측 대표로 연변 자치주 부주장이던 남명학을 추천하고, 그에게 "국계를 획분할 때 우리는 조선과 너그럽게 대해야 하오. 물론 원칙을 견지해야 하지만"이라고 했으며, "내가 어릴 때 장백산은 조선 것으로만 알았었소. 국계를 획분할 때 일부를 떼어 주지 않으면 조선 군중은 들고 일어나 김××를 욕할 것이오" 라고 했다. 그 결과 중앙의 규정은 쌍방 각각 절반씩임에도 불구하고 천지면적을 조선에 4.5%나 더 떼어주었으며 국경 경계팻말을 4m 20cm나 들어와 세움으로써 만여 상에 달하는 땅을 팔아먹었으며 한 줄기 공로[125] 마저 조선에 팔아먹었다.
- 500여명의 인구를 가진 훈춘현 강북대대강북도가 원래 중국영토였음에도 불구하고 조선 측의 무리한 요구를 들어 조선에 주고, 주덕해의 주장에 따라 조선의 유다도와 강북도를 바꾸기로 했으나 조선에서는 유다도를 중국에 주지 않았다.

물론 홍위병의 주덕해에 대한 이상의 비판은 악의적이며 왜곡된 것이다. 따라서 1978년에 중국공산당 길림성위원회와 길림성 연변조선족자치위원회는 그것이 잘못되었음을 판결하였다. 그런데 그 판결은 국경선 획정과정에서 중국이 북한에 양보했다는 사실을 부정한 것이 아니라 그러한 결정이 주덕해가 아니라 중국 '저우언라이 총리와 천이 외교부장의 직접적인 영도 아래' 중앙정부의 판단으로 이루어졌음을 강조하는 방향에서 이루어졌다.[126] 이는 당시 국경획정 과정에서 중국이 북한에

125) 현재 중국 측 압록강 쪽에서 차량으로 백두산에 오르려면 북한 영토를 경유해야만 한다.

126) 중국공산당 길림성위원회 길함[1978] 32호, 《주덕해 동지에 들씌운 루명을 벗겨주며 그의 명예를 회복시켜 줄데 관한 중국공산당 연변조선족 자치주위원회의 결정(1978년 6월 10일)》, 1978년 6월 16일, 6~7쪽.

상당한 양보를 했다는 인식이 중국 관련 부서에 퍼져 있었음을 의미하는 것이다.

오늘날에도 중국의 재야 학계에서는 북-중 국경획정 과정에서 중국이 백두산 지구와 압록강 하류 섬들에 대해 북한에 너무 많은 양보를 했다고 비판의 목소리를 높이고 있다. 중국의 북-중 관계 전문가인 선쯔화沈志華 교수도 북-중 국경획정이 중국의 양보로 이루어졌다고 평가하고 있다. 그에 따르면 1962년 북한의 영토에 관한 요구와 관련한 핵심문제는 백두산 천지의 귀속과 그와 관련된 발원지의 획정 문제였는데 중국이 북한의 요구를 수용하였다는 것이다.[127] 중국의 대북 국경협상 태도를 다소 부정적으로 바라본 그는 국경조약이 비공개로 처리된 것에 대해서도 당시 중국지도부는 정부가 조약 내용을 발표하면 인민들 사이에 어떤 부정적인 영향이 발생하리라는 것을 분명히 알고 있었기 때문에 발표를 원치 않았다고 단정할 수 있다고 주장하였다.[128]

그러나 이러한 주장들은 중국이 경계획정 협상과정에서 주장한 내용이 모두 합리적이었다는 전제하에 제기되고 있는 것이다. 전반적으로 북한이 영토적 측면에서 실익을 챙긴 측면은 있으나 그것은 중국 사람들이 주장하는 것만큼 크지는 않다고 보아야 한다. 무엇보다도 중국이 당초 백두산 국경획정 기준으로 제시했던 간도협약은 북한 입장에서는 무효 문서에 불과한 것이었다. 다만 백두산정계비의 위치로 볼 때 북한

127) 沈志華·董潔. "中朝邊界爭議的解決(1950-1964년)" p. 43.

128) 沈志華·董潔. 앞의 논문, p. 46. 그런데 북-중 국경조약이 비공개로 처리된 배경에 대해서는 아직 정답을 찾기 어려운 것 같다. 국경조약 체결 과정에 중국 측 관리로 참여했던 한 인사는 필자에게 북한 측에서 남북이 분단되어 있는 상황에서 조약 체결 사실을 공개하는 것은 곤란하다며, 통일이 될 때까지 비공개로 할 것을 요구했다고 증언하였다(B씨 증언, 北京, 2000년 2월. 이종석. 『북한-중국 관계 1945-2000』, 235쪽에서 재인용). 이 증언의 진위를 확인하기는 어렵다. 그러나 이 말을 신뢰한다면 북-중이 모두 공개를 원하지 않았다는 뜻이 된다. 북한은 비록 자신에게 유리하게 획정된 국경조약이라도 남북대결 상황에서 어떻게 불똥이 튈지 가늠하지 못했을 수 있다. 한편 중국과 베트남 간의 국경조약도 아직 공개되고 있지 않음을 감안할 때 사회주의 국가들 사이의 특정 사안에 대한 비공개 관성도 함께 작용하고 있는 것으로 보인다.

이 천지를 중국과 반분한 것은 분명히 이득을 취했다고 할 수 있다. 그러나 만약 중국이 경계협상에서 천지를 독식하려 했다면 아마 양국의 국경협상은 지금까지도 타결되지 못했을 것이다. 그만큼 천지는 한민족韓民族의 입장에서는 양보가 불가능한 영토였다.

북-중 국경획정 과정에서 양국 간에 실리의 균형은 무너졌지만 결과적으로 이 획정은 양국에 모두 긍정적 이익을 더 많이 안겨준 것으로 평가된다. 즉, 우리가 영토를 매개로 발생하는 정치·외교적 현상을 영토정치라고 규정할 수 있다면 북-중 국경협상과 그 결과는 영토정치 관점에서 성공적인 것으로 평가할 수 있다.

무엇보다도 북한과 중국의 국경획정은 역사적으로 미해결 상태로 내려오면서 분쟁의 소지가 컸던 국경을 평화롭게 획정하고 나아가 이것이 격동의 역사 속에서도 이후 양국 관계의 균열을 차단하는 데 크게 기여했다는 점에서 중요한 의미를 지닌다. 북-중 국경획정이 긍정적인 측면에서 양국 관계 발전의 특별한 계기가 되었다고 말하기는 어렵지만 양국 관계의 악화를 막는 데는 큰 역할을 했다. 예컨대, 북-중 간 갈등이 치열했던 '문화대혁명' 시기에 국경문제가 해결되지 않고 분쟁상태로 남아 있었다면 이것이 양국 갈등에 기름을 부었을 것이며, 그렇게 되었다면 이후 북-중 관계도 전혀 다르게 전개되었을 가능성이 높다. 또 상시적으로 분쟁 가능성을 안고 있었던 압록강 하류 섬들에게 대해서도 국경획정이 이루어지 않았다면 이후 북-중 갈등시대가 도래했을 때 이곳에서 충돌이 일어났을 가능성도 배제하기 어려웠을 것이다.

실제로 북-중 관계가 악화되고 '문화대혁명'이 불타오르던 1966년 겨울에 옌볜의 젊은이들은 외지 학생들과 연계하여 이른바 《국제홍위병》 조직을 결성하여 구호를 높이 외치며 얼음 덮인 두만강을 건너 북한 영토에 들어가 표어를 붙이는 등 심각한 난동행위를 자행했다.[129] 아마 이 때까지 백두산 일대와 황초평(황금평) 등에서 북-중 간 영토문제가 남

129) 곡애국, 증범상 지음. 김엽, 김성 옮김. 『조남기전』, 중국 연길, 연변인민출판사, 2004, 174쪽.

아 있었다면 사태는 걷잡을 수 없이 커졌을 수 있다.

이런 점을 고려할 때 북-중 국경조약 체결을 통해 국경분쟁 요소를 해소한 것이 양국 관계가 악화되었을 때도 파국으로 치달을 수 있는 여지를 차단하고 양국 관계가 안정적으로 발전하는 데 기여했다고 볼 수 있다. 이는 중국이 같은 사회주의 진영이면서도 국경문제를 해소하지 못한 소련 및 베트남과 끝내 전쟁까지 치른 것과 비교하면 쉽게 이해할 수 있다. 특히 1979년 중국군의 베트남 침공으로 발발한 중-월 전쟁이 베트남-소련의 밀착, 캄보디아를 둘러싼 베트남과의 이익충돌, 베트남 내 화인華人 문제 등을 둘러싸고 고조된 양국갈등이 영토분쟁을 빌미로 국경전쟁으로 비화된 것[130]이라는 사실은 이와 관련하여 적지 않은 시사를 던져준다.

2) 중국지도부의 고구려 인식과 동북공정의 자가당착

북-중 국경연구를 위해 중국 지도자들의 발언을 추적하다 보면 우리는 북-중 관계를 넘어 현재의 한-중 관계에도 깊은 영향을 미치는 중국의 동북공정[131]과 관련하여 중요한 시사점을 발견하게 된다.

고구려가 한민족이 세운 국가라는 것은 우리 민족만의 주장이 아니라 일찍이 중국 사람들도 동일하게 인식하던 역사적 사실이었다. 『사기』 조선전朝鮮傳을 비롯한 중국의 역대 사서에 보이는 것처럼, 중국인들은 고조선이나 고구려, 그 이후의 국가들을 외이外夷 혹은 외국으로 인식하였다.[132] 수나라 시대 중국인들은 고구려를 가리켜 국명 대신 종종 '요

130) 김예경. "중국과 베트남 간의 영토분쟁과 해결방식" 이동률 외 『중국의 영토분쟁』, 서울, 동북아역사재단, 2008.

131) 동북공정이란 '东北边疆历史与现状系列研究工程'의 줄인 말로 중국정부가 2002년부터 추진한 중국 동북 변경지역의 역사와 현상에 관한 체계적인 연구 프로젝트를 뜻한다.

132) 안병우. "중국의 변강 인식과 민족갈등" 안병우 외 『중국의 변강인식과 갈등』, 경기 오산, 한신대출판부, 2007, 50쪽.

동遼東'으로 부르기도 하였다.[133] 이러한 인식은 적어도 동북공정 이전의 보편적인 중국인들의 고구려 인식으로서 그들에게 고구려는 외국이며 한민족이 세운 통칭 '조선'의 일부였다.

그런데 중국학계와 중국정부는 2000년대 들어서면서 고구려가 중국의 소수민족이자 지방정권이었다고 주장하며, 동북공정의 일환으로 이를 마치 사실인 양 부각시켜 왔다. 그들은 "고구려는 우리나라 동북지역의 오래된 소수민족 중 하나에 기원을 두고 있다"[134]거나 "고구려는 우리나라 고대에 하나의 지방정권이었고, 국민은 주로 한족 이주민을 위주로 하였다."[135]는 식으로 역사를 왜곡하며 고구려를 중국의 역사 속으로 편입시키고 있다.

그러나 북-중 국경획정 시기 북한 지도층 인사들과 국경문제를 두고 대담對談한 중국 최고지도부 인사들의 발언은 오늘날 중국 학계와 정부가 취하고 있는 고구려 인식이 원래 중국인들의 인식과 얼마나 동떨어진 것이며, 인위적으로 왜곡되었는지를 잘 보여주고 있다. 먼저 중국의 최고지도자 마오쩌뚱毛澤東이 1958년 11월 김일성의 인솔 하에 북경을 방문한 북한정부 대표단과의 담화에서 한 말을 다음과 같이 옮긴다.

"역사상 중국은 조선에 대해 좋지 않았다. 우리 조상은 당신들 조상에게 빚을 졌다. 중국인들은 과거에 당신들을 침략했고 호지명베트남을 가리킴, 인용자도 침략했다.… 당신들 선조는 당신들의 영토가 요하를 경계로 한다고 말했으며, 당신들은 현재 당신들이 압록강변까지 밀려서 쫓겨왔다고 생각한다. (웃으며) 첫 번째 침략은 수양제의 조선정벌인데 실패했다. 당태종도 실패했으나 그의 아들 고종과 측천무후 대에 이르러 조선을 정벌하였다. 당시 조선은 신라, 백제, 고구려로 3분되어 있었

133) 이성재. "위진남북조의 '요동' 인식과 고구려-조위의 동방경략과 그 역사적 의미를 중심으로" 안병우 외 『중국의 변강인식과 갈등』, 경기 오산, 한신대출판부, 2007, 83쪽.

134) 魏存成. "고구려의 주요 유적과 그 분포" 马大正 주편, 이영옥 옮김. 『중국의 동북변강연구』, 서울, 동북아역사재단, 2004, 257쪽.

135) 姜维东. "고구려 연구의 몇가지 문제" 马大正 주편. 이영옥 옮김. 『중국의 동북변강연구』, 서울, 동북아역사재단, 2004, 192쪽.

고 그들 내부에서 모순이 발생하여 연개소문의 부하도 그를 반대했기 때문에 정복할 수 있었다. 당신들이 역사를 기술할 때 이것을 써 넣어야 한다. 이것이 역사인데, 그것은 봉건제국시대이고 우리 인민정부가 아니다."[136)]

마오쩌뚱은 북-중 국경획정이 끝난 직후인 1964년 10월에 베이징을 방문한 최용건 최고인민회의 상임위원장이 이끄는 북한대표단을 접견하였다. 이 자리에서 그는 치열한 중-소 분쟁의 분위기를 반영한 듯 소련이 중국을 공격할지 모른다는 우려를 표명하면서 '중-소 간 몽골문제' 등 국경문제에 대해 언급하면서 다음과 같이 말했다.

모택동: "당신들의 땅에 대해서 우리중국공산당 정부—인용자주가 점령한 것이 아니다. 수양제, 당태종, 측천무후가 그랬다. 당신들의 경계는 요하 동쪽인데, 봉건주의가 조선 사람들을 압록강변으로 내몬 것이다. 봉건주의는 가혹한 것이다"

박금철: "우리는 국경이 요하 이동이라고 생각하지 않는다. 현재의 국경선에 대해 우리는 만족한다."

모택동: "그래서 우리가 동북지방 전체를 너희의 후방으로 삼아야 한다는 것이다. 이것은 요하 유역을 뛰어넘는 것이다"

최용건: "우리는 현재의 국경에 대해 만족한다."

박금철: "우리 양국 간 국경은 1962년에 이미 해결되었다. 주은래 총리가 아주 분명하게 백두산과 천지 문제를 모두 합리적으로 해결했다. 김일성 수상동지가 아주 만족해 했다. 동북을 후방으로 이용하는 것과 국경문제는 별개의 두 사안이다."[137)]

---

136) "毛泽东会见朝鲜政府代表团第一次谈话记录" 外交部编. 《毛泽东接见外宾谈话记录汇编》 第四册, (北京), 1958.11.25. pp. 191~204.

137) "毛泽东会见朝鲜党政代表团第谈话记录" 外·交部编. 《毛泽东接见外宾谈话记录汇编》 第十一册, (北京), 1964.10.7. pp. 185~196. 이 대화는 마오쩌뚱이 당시의 긴장한 국제정세 속에서 북한이나 베트남이 미국과 전쟁을 하게 될 경우 중국의 동북지방이나 윈난(云南), 광시장족자치구(广西壮族自治区) 등을 후방으로 이용해도 좋다는 얘기와 북-중 국경문제를 뒤섞어 말하자 북한 대표단에서 오히려 당황해서 두 사안이 다르다는 것을 말하고 있는 장면이다.

한편 1963년 6월 28일 저우언라이 중국 국무원 총리는 조선과학원 대표단을 접견하는 자리에서 다음과 같이 말했다.

> "양국 민족의 발전에 대한 과거 일부 중국학자들의 관점은 그다지 정확한 것은 아니었고, 사실에도 맞지 않았다. 조선민족은 조선반도와 동북대륙에 진출한 뒤 오랫동안 거기서 살았다. 요하, 송화강 유역에는 모두 조선민족의 발자취가 남아있다.… 조선족이 거기서 아주 오래 전부터 살아왔다는 것을 증명할 수가 있다. 경박호 부근에는 발해시대의 옛 자취가 남아있고 발해의 도읍지도 있다. 출토된 문물이 그곳도 조선민족의 한 가지였다는 것을 말해준다.… 진, 한 이후 더욱 더 관내關內에서 요하 유역까지 가서 정벌했는데, 실패해서 돌아왔지만 그것도 분명히 침략이다. 당나라도 쳐들어갔다가 패배했지만 역시 당신들을 업신여기고 모욕한 것이다.… 다만, 이러한 것들은 모두 역사의 흔적이고, 모두 지나간 일들이다. 이런 일들은 우리가 책임질 일도 아니다. 조상들 때의 일이다. 당연히 이 현상들을 인정할 수 있을 뿐이다. 그렇더라도 우리는 당신들의 땅을 너무 좁게 내몰았던 것에 대해 조상을 대신해서 당신들에게 사과해야 한다.… 역사는 왜곡할 수 없다. 두만강, 압록강 서쪽은 역사 이래 중국 땅이었으며 심지어 예로부터 조선은 중국의 속국이었다고 하는 것은 터무니없는 말이다."[138]

이처럼 중국의 지도자들이 명백하게 고구려와 발해를 조선민족이 세운 고대국가로 인식하였으며, 그 역사를 조선의 역사로 규정하였다. 결국 역사적으로 고대시대 요동을 비롯한 동북 지방의 상당 부분이 조선

---

138) "周恩來接見朝鮮科學院代表團時的談話" 1963年 6月 28日, 『外事工作通報』, 1963年 第10期, (北京. 서길수. 『백두산국경연구』, 서울, 여유당, 2009, 475~476쪽.) 원문에서 발췌 번역. 저우언라이는 북-중 국경 문제를 다루면서 조선의 역사에 대해서 많은 관심을 가졌다. 그의 조선역사에 대한 관심은 황장엽 전 조선노동당 비서의 회고에서도 나타난다. 1960년에 최용건을 수행하여 동북지방을 방문한 황장엽은 저우언라이 총리와 담화를 나눌 기회가 있었는데, 그는 '기차를 타고 가던 도중에 자신을 불러 조선 역사에 대해 듣곤 했으며, 헤어질 때 조선말로 된 것이라도 좋으니 조선역사책을 보내달라고 해서 귀국하여 책을 보내주었다고 한다. 황장엽 『나는 역사의 진리를 보았다』, 서울, 도서출판 한울, 1999, 133쪽.

민족의 삶의 터전이었다는 것을 논술한 한국과 북한 역사학자의 인식은 마오쩌뚱과 저우언라이 같은 중국 최고지도자들의 인식과 동일하고, 북-중 국경획정 당시의 중국학계 및 정부의 인식과도 일치한다.

그런데 뒤늦게 동북공정을 추진하고 있는 중국학자들이 '최근에 조선과 한국의 소수 연구기구와 학자들이 중국과 조선 관계사 '연구'에서… 딴 마음을 품고서 고구려, 발해 등 고대 중국 동북 지방의 속국 정권이 고대 조선족의 독립국가라고 논증'하는 등 왜곡과 혼란을 조장하고 있다고 주장한다.[139] 그러나 이 주장이야말로 현재의 중국을 탄생시키고 이끌어온 지도자들의 인식과 정면으로 배치되는 것이다. 앞에서 인용한 저우언라이의 표현을 빌리자면 이런 행위는 '역사를 왜곡하는 터무니없는 짓이며 조선민족을 모욕하는 것이다.'

한편 마오저뚱과 저우언라이가 한결같이 '요동 지방이 원래 조선의 땅이었으나 고대 왕조가 조선민족을 압록강변까지 내몰았다'고 발언하고 있는 것으로 보아 국경협상 과정에서 북한 측이 쟁점이 된 백두산 천지와 압록강 상의 유인도 귀속문제를 자신에게 유리하게 끌어가기 위해 고대의 역사적 사실들을 활용했음을 추정케 한다. 아울러 두 지도자가 동일 주제를 언급하며 거의 같은 용어와 문구를 구사하는 것으로 보아 이것은 당시 중국정부의 정리된 공식입장이었을 것으로 추정된다.

139) 王洛林. "동북변강연구의 강화, 학과 건설의 촉진" 马大正 주편. 이영옥 옮김. 『중국의 동북변강연구』, 서울, 동북아역사재단, 2004, 18쪽.

中朝

제 5 장

북한-중국 간 국경 관리 현황

제5장

북한-중국 간 국경관리 현황

북한과 중국은 양국 간 국경을 안정적으로 관리하기 위해서 여러 방면에서 국경조약에 바탕을 둔 관련 협정을 맺었다. 여기에서는 주요 협정들을 중심으로 각 분야의 국경관리 현황을 살펴본다.

1. 국경하천 관리

북한과 중국은 국경조약에서 압록강과 두만강을 공동관리하기로 함에 따라 1964년 5월 5일 '경계하천 공동 이용관리에 관한 상호 협조협정 关于共同利用和管理中朝界河的相互合作协定'을 맺었다.[140] 이 협정은 양국 정부가 각각 임명한 수석대표 1인과 대표 4명으로 북-중 경계하천 공동이용위원회中朝界河共同利用委员会를 구성하여 국경하천의 이용 및 관리 분야에서 제기되는 다음과 같은 문제들을 토의·해결토록 했다.

① 북-중 국경하천의 이용 및 관리와 관련하여 설치된 개별 전문기구에서 합의하지 못한 문제.

② 개별 전문기구 혹은 복수 전문기구들의 사업과 관련된 문제(필요시).

③ 개별 전문기구의 사업에 속하지 아니하는 기타 문제.

140) 이하 협정 내용은 "中华人民共和国政府和朝鲜民主主义人民共和国政府关于共同利用和管理中朝界河的互助合作协定"『中朝, 中苏, 中蒙 有关条约, 协定, 议定书 滙编』, 中国 长春, 吉林省革命委员会外事办公室编印, 1974.6. pp. 102-105 참조.

북-중 경계하천 공동이용위원회는 신속한 업무처리를 위해 중국 측은 안둥安東, 1965년 이후 단둥 丹東으로 개명에 북한 측은 신의주에 각각 연락사무소를 설치하고 상주 연락책임자를 두기로 하였다. 양국은 이 협정의 유효기간을 10년으로 했으며, 기한 만료 1년 전에 어느 일방이 협정의 폐기를 서면으로 제기하지 않는 한 자동적으로 10년씩 연장되도록 해놓았다.

그런데 북한과 중국은 '경계하천 공동 이용관리에 관한 상호 협조협정'을 맺기 이전부터 양국 선박의 압록강과 두만강 운항에 관해서 협력체제를 구축하고 있었다. 1960년 5월 23일에 체결된 양국 간 '국경하천 운항협력에 관한 협정'[141]이 대표적인데 주요 내용은 다음과 같다.

- 양국 선박은 압록강과 두만강 국경하천 구간에서 자유롭게 항행航行할 수 있다. (2조)
- 일방의 선박은 압록강과 두만강에서 상대방이 무역상 필요에 따라 지정한 항구와 지점에 정박할 수 있다. 수로 작업선과 조난 선박 및 불가항력적 사유를 가진 선박은 임의의 항구와 지점에 정박할 수 있다.(3조)
- 쌍방은 상대방의 해당 기관에서 발급한 본인의 사진이 부착된 선원 및 수로 작업원의 신분증명서를 인정하여, 이를 소지한 인원이 수로 작업, 밧줄 견인 작업을 위해 강변을 오르내리거나 또는 선박의 급류·암초 통과를 위해 여객이 일시적으로 상륙할 때는 여권을 제출하지 않아도 된다. 그러나 그들의 상륙 범위는 강가에서 육지 쪽으로 1,000m를 초과할 수 없다.(7조)
- 쌍방은 각각 3명의 대표를 파견하여, '북-중 압록강·두만강 운항 협력위원회'를 구성하여 압록강·두만강 국경하천 수로의 유지·정비, 수로 표지의 설치와 관리, 항행航行 규칙의 수정과 기타 항행 관련 협력 사무를 처리케 한다.(9조)

141) 『中华人民共和国政府和朝鲜民主主义人民共和国政府关于国境河流航运合作的协定』, 『北·中간 국경업무 조약집』, (국가정보원, 서울, 2006)

- 이 협정은 무기한 유효하며 어느 일방이 이를 폐기하고자 할 때는 3개월 전에 상대방에게 서면으로 통지하여야 하고, 3개월이 만료되면 즉시 효력을 상실한다.(11조)

북-중 양국은 이 '운항협정'의 부록으로 맺은 북-중 간 국경하천 선박항행규칙中朝国境河流船舶航行规则에서 선박이 주간에 항행할 때에는 반드시 소속 국가 국기를 게양하도록 했다. 어선이 주간에 어로작업을 할 때에는 식별을 위해 반드시 잘 보이는 곳에 대바구니를 매달아야 하도록 했으며 야간 어로작업 때에는 반드시 잘 보이는 곳에 사방을 비추는 백색 등燈을 달도록 했다. 그리고 접안接岸 표지·부표는 좌우 강변을 따라 서로 다른 색을 칠하여 구분하도록 했는데, 압록강은 북한 측 강변을 좌안左岸으로 하고 중국 측 강변을 우안右岸으로 하며, 두만강은 북한 측 강변을 우안右岸으로 하고 중국 측 강변을 좌안左岸으로 하도록 했다.

한편 북한과 중국은 홍수피해 방지와 어족자원 보호·증식을 위해서도 협력체계를 만들었다. 북한 기상수문국과 중국의 수리부水利部는 경계하천에서 홍수피해를 막기 위해서 '수문사업 협력에 관한 협정'[142]을 맺고, 쌍방은 매년 6월 15일부터 9월 15일까지 매일 현지 표준시간에 지정된 관측소의 수문 정보를 전보로 상호 통보하기로 하였다.

북-중 양국은 압록강 중류에 위치한 압록강 최대의 인공댐인 수풍호 어족자원의 공동 증식보호와 이용을 위해서도 협력하였다. 압록강을 사이에 둔 랴오닝성과 평안북도는 일찍이 1959년 6월에 치어방류 합의서에 조인하였으며, 1972년에는 보다 포괄적인 내용이 담긴 협정을 맺었다.[143] 그 주요 내용은 다음과 같다.

---

142) 『中华人民共和国水利部和朝鲜民主主义人民共和国 气象水文局关于鸭绿江和图们江水文工作合作协定』, (1990년 5월 24일 체결, 발효). 『北·中간 국경업무 조약집』, (국가정보원, 서울, 2006).

143) 『中华人民共和国政府和朝鲜民主主义人民共和国政府关于共同繁殖保护和利用水丰水库鱼类资源的协定』, (1972년 12월 19일 체결, 발효). 『北·中간

- 쌍방은 잉어와 붕어의 산란조건을 조성해 주기 위하여 매년 5월 15일 부터 6월 30일까지 각자 호수 내 적당한 장소를 선택하여 인공산란장 3만 개를 설치한다.(1조)
- 쌍방은 어로 구역에서 매년 6월 1일부터 7월 15일까지를 경제성이 있는 어류의 산란을 위한 어로 금지 기간으로 한다. 경제성이 있는 어류를 잡는 그물코의 크기는 10cm 미만이어서는 안 된다. 유해 물고기 잡이를 위한 그물코의 크기는 예외로 한다.(2조)
- 쌍방은 1973년부터 각자 매년 길이 10cm 이상의 백연어·화연花鰱·초어·잉어 치어를 도합 100만 마리 방류한다.(3조)
- 쌍방은 어족자원을 보호하기 위하여 호수로 흘러 들어가는 공업용 유독성 폐수·오물에 대하여 정화처리 등 효과적 조치를 취하여 수질 오염을 방지하도록 한다.(4조)
- 쌍방은 어로를 합리적으로 실시하며 어족자원을 계획적으로 증식·이용하기 위하여 1976년 1월 1일부터 호수 내에서 물고기 생산에 쓰는 발동기를 이용한 어선은 10척을 초과하지 않으며 소형 목선도 1972년도 이전 수량을 유지하여 더 이상 증가시키지 않는다.(5조)

수풍호의 담수어 양식장

국경업무 조약집』, (국가정보원, 서울, 2006).

그런데 이러한 북-중 간 어족자원 보호·증식 협력은 그동안 꽤 성과를 거둔 것으로 보인다. 최근 중국의 언론보도에 따르면 지난 수십 년간의 어류 보호와 방류 정책으로 수풍댐의 어류자원이 풍부해져서 중국 측에서 매년 수천 톤의 어획량을 올려, 어민들의 소득이 과거에 비해 몇 배 커졌다고 한다.[144]

2. 국경통과지점(口岸) 및 국경철도 관리

북한과 중국은 양국의 교류를 위해 국경 도처에 국경통과지점, 즉 '커안口岸'을 지정하여 운영하고 있다. 2001년 11월 북-중이 체결한 '국경통과지점 및 그 관리제도에 관한 협정'[145] 제1조 1항에 따르면 국경통과지점이란 "북·중 국경 양측에 위치하고 있으며 철도·도로·정류장·하천·항구를 통하여 국경을 출입하는 쌍방 또는 제3국의 사람들과 수송수단·화물 및 기타 물품들에 대한 국경통행검사·세관검사·위생검역·동식물검역·상품검사 등을 하는 특정 지역"을 말한다.[146] 즉, 양국 간 교역을 위한 통상구와 국경출입구가 설치되어 있거나, 그러한 기능을 하는 곳이 국경통과지점이다.

양국 간 국경통과지점 관리를 집대성해 놓은 이 협정에 따르면 국경통과지점의 분류와 기능은 다음과 같다.

---

144) "十年增殖放流 富了宽甸百姓"《宽甸县报》, 2014.12.4.; "东北最大水库累计增殖放流鱼苗超过一亿尾"《人民网-辽宁频道》, 2014.11.15.(http://ln.people.com.cn).

145) 『中华人民共和国政府和朝鲜民主主义人民共和国政府关于边境口岸及其管理制度的协定』, (2001년 11월 24일 체결, 2002년 5월 30일 발효). 『北·中간 국경업무 조약집』, (국가정보원, 서울, 2006).

146) 국경통과지점은 중문으로 커안(口岸)인데, 이는 원래 항구를 의미하나 그 의미가 넓어져서 육지에서 다른 나라로부터 들어오는 육상 출입국장을 일컫는 말로도 쓰이고 있다. 국경통과지점에는 일반적으로 세관 등 국경통과 시설이 갖추어져 있다.

북-중 간 국경통과지점의 분류와 기능

국경통과지점 분류	기 능
국제여객 및 화물수송 국경통과지점	양국 및 제3국 국민, 수송수단, 화물 및 물품 통과
양국 여객 및 화물수송 국경통과지점	양국 국민과 수송수단, 화물, 물품 통과
국경공무통로	국경출입 및 국경관리회담, 회합, 친선교류 등의 임무를 수행하는 공무인원 통과
임시 국경통과지점	양국의 해당부서에서 합의한 기간 동안 쌍방의 화물·관련 인원 및 수송수단 통과

현재 북-중 간에는 20개의 국경통과지점이 존재한다. 2001년 '국경통과지점 및 그 관리제도에 관한 협정'을 체결할 때까지만 해도 17개였으나, 2007년 4월에 북한의 자강도 운봉云峰과 중국 지린성 지안시 칭쉬青石 간 국경통과지점이 정식 국경통과지점으로 승급되어 개통됨으로써 18개가 되었다. 그리고 2016년 5월부터 완공단계에 접어든 지안-만포 간 인도교를 잇는 국경통과지점이 임시 개통되었다. 그리고 2001년의 '협정'에는 나타나지 않지만 압록강 하구에 위치한 단둥시 다타이즈항大台子港에도 1996년 중국정부가 비준한 신의주항을 연결하는 국경통과지점이 있다.[147] 오늘날 다타이즈 국경통과지점은 2001년 '협정' 상에 명기되어 있는 단둥시의 단지부두 국경통과지점보다도 훨씬 많은 북-중 교역량을 보이고 있다.[148]

북-중 국경을 잇는 국경통과지점들이 위치한 장소와 각각의 기능을 살펴보면 다음과 같다.

---

147) 이 국경통과지점의 기능 근거는 2001년 '협정'에 명기된 "본 협정의 규정들이 본 협정 체결 전에 쌍방이 사용해 오던 북-중 국경 공무통로와 임시 국경통과지점을 계속 이용하는 것에 방해되지 않는다"(2조 3항)는 조항이나 "북-중 국경지역에 임시국경통과지점을 지정할 필요가 있을 경우 쌍방의 해당 부서에서 토의하여 합의한 다음 각각 국내법 절차를 거쳐 집행한다"(4조 2항)는 조항인 것으로 추측된다.

148) "大台子口岸_百度百科" baike.baidu.com/view/3146358.htm(2016.10.5. 검색).

북-중 국경의 국경통과지점 현황: 위치, 종류, 기능

2016년 12월 말 기준

국경통과지점 위치		경계 하천	국경통과 지점종류	국경통과지점기능	비 고
중국 쪽	북한 쪽				
단둥(丹东)	신의주	압록강	철도	국제 여객·화물	압록강 철교(중조우의교)를 철도·인도교로 겸용
			인도교	국제 여객·화물	
투먼(图们)	함북 온성 남양	두만강	철도	국제 화물	
			인도교	국제 여객·화물	
취안허(圈河)	나선시 원정리	두만강	인도교	국제 여객·화물	
단둥 단지부두(丹纸码头)	신의주항	압록강	수운(水運)	양국 화물	
단둥 다타이즈항(大台子港)			수운		
지안(集安)	자강도 만포	압록강	철도	양국 여객·화물	
			인도교	양국 여객·화물	임시개통(2016.5)
린장(临江)	자강도 중강	압록강	인도교	양국 여객·화물	
난핑(南坪)	함북 무산	두만강	인도교	양국 여객·화물	
산허(三合)	함북 회령	두만강	인도교	양국 여객·화물	
카이샨툰(开山屯)	함북 삼봉	두만강	인도교	양국 여객·화물	
단둥 타이핑완(太平湾)	평북 삭주군 방산리	압록강	수운	양국 여객·화물	타이핑완댐 이용 수상 운송
라오후샤오(老虎硝)	자강도 위원	압록강	수운	양국 여객·화물	위원댐 밑의 하류에 소재
창바이(长白)	양강도 혜산	압록강	인도교	양국 여객·화물	
구청리(古城里)	함북 삼장	두만강	인도교	양국 여객·화물	
샤퉈즈(沙坨子)	함북 경원[150]	두만강	인도교	양국 여객·화물	
샹무펑(双目峰)	양강도 쌍두봉	육지	육로	공무통로	백두산 천지와 두만강 발원지 사이의 육지경계
칭쉬(青石)	자강도 운봉	압록강	인도교	양국 여객·화물	운봉댐 위로 통행하는 국경통과지점

이상의 국경통과지점을 북-중 경계 지도 위에 표시하면 아래와 같다. 그런데 국경통과지점 중 북한의 쌍두봉과 중국의 샹무펑을 잇는 국

149) 2001년 협정에는 새별로 나온다. 북한은 1977년 9월 함북 경원군을 새별군으로 개명했으나, 2005년경 다시 경원군으로 바꾸었다.

북한-중국 간 국경통과지점들

경통과지점은 그동안 북-중 쌍방의 공무인원들을 통과시키거나 필요시 임시로 쌍방의 화물·수송수단을 통과시키는 기능을 한 공무통로였다. 그러나 최근 북-중 양국은 중국 관광객의 북한 쪽 백두산 관광 등을 쉽게 할 목적으로 이곳을 여객과 화물이 통과하는 일반 국경통과지점으로 격상시키기로 하였다.[150)]

현재 북-중 간 기능하고 있는 국경통과지점은 인도교를 통한 국경통과지점 12개, 철도를 통한 국경통과지점 3개, 수상운송 국경통과지점 4개북한쪽은 3개, 육로 국경통과지점 1개 등 모두 20개이다. 그리고 이 국경통과지점들을 기능별로 보면 제3국의 여객과 화물이 통과할 수 있는 국제 국경통과지점은 단둥-신의주 철도교·인도교 국경통과지점과 취안허-원정리 인도교 국경통과지점, 투먼-남양 인도교 국경통과지점 등 4개

150) “双目峰口岸旅游及外贸通道建设项目” 吉林省白河林业局, http://www.bhlyj.cn/ (2016.9.29 검색).

이며, 제3국 화물 통과만 가능한 곳은 투먼-남양 철도교 국경통과지점 한 군데이다.

북-중간에 곧 1개의 국경통과지점이 더 늘어날 것으로 보인다. 현재 단둥시와 신의주시를 잇는 새로운 인도교인 신압록강대교가 북한쪽 진입로 공사를 제외하고는 완공된 상태이므로, 머지않아 양국은 국경교량을 통한 통행·통관을 관리할 새로운 국경통과지점을 지정·설치할 것으로 보인다.

그런데 중국 중앙정부가 최근 국경지방 발전에 많은 관심을 기울이고 있는 것으로 보아, 향후 북-중 국경통과지점들의 기능과 역할이 증대될 것으로 전망된다. 중국 국무원은 2016년 1월에 중국 국경지방의 경제를 발전시키기 위해 개발개방 중점지구를 선정·발표하였다. 여기에 따르면 국무원이 지정한 중점개발 대상인 국가급 국경통과지점 72개 중 15개가 북-중 국경에 위치한 것들이었다. 결과적으로 북한과 중국을 잇는 국경통과지점 대부분이 국가급 국경통과지점으로 선정되었다. 구체적으로 이 국경통과지점들을 살펴보면 다음과 같다.[151]

중국정부가 지정한 국가급 북-중 국경통과지점

기 능	소재지
철도국경통과지점	단둥, 훈춘,[152] 투먼, 지안
인도교국경통과지점	단둥, 훈춘, 취안허, 샤퉈즈(沙坨子) 카이산툰, 산허 난핑, 구청리(古城里), 창바이, 린장, 지안, 단둥

한편 '국경통과지점 및 그 관리제도에 관한 협정'에 나타난 양국의 국경통과지점 관리의 주요 내용은 다음과 같다.

151) 国务院. "国务院关于支持沿边重点地区开发开放若干政策措施的意见" 国发[2015] 72号 (2016.1.7.).

152) 훈춘시의 경우 아직 북한과 연결되는 철도 국경통과지점이 없다. 대신에 훈춘 슈아이완즈(甩湾子, 솔만자)-북한 함북 경원군 훈융리(训戎里) 간 철도 연결 사업이 추진되고 있다. "珲春启动18个与周边国家互联互通重点项目", 珲春市航务局, (2015.11.23.) 참조. 중국 국무원은 이 철도의 중요성을 감안하여 미리 국가급 철

- 쌍방은 상대방 내 전염병 발생, 자연재해 등 불가항력적 사유가 발생했을 경우 국경통과지점을 임시 폐쇄할 수 있다. 이 경우 원칙적으로 폐쇄 5일 전, 긴급한 경우 24시간 전에 폐쇄이유와 폐쇄기간을 상대방에게 통지하여야 한다. 이 사유를 제외하고는 어느 일방도 자의로 국경통과지점을 폐쇄하거나 국경통과지점의 위치와 통과시간을 변경할 수 없다.(5조 1항)
- 다음의 날은 국경통과지점의 공휴일로 한다.
  중국 측: 1월 1일. 음력설음력 1월 1~3일, 5월 1일, 8월 1일, 10월 1일
  북한 측: 1월 1일, 2월 16일, 4월 15일, 4월 25일, 5월 1일, 9월 9일, 10월 10일(5조 2항)
- 국경통과지점의 개방시간(즉, 국경 통행시간)은 4~9월은 베이징시간으로 08~18시평양 시간 09~19시[153] 10~3월은 베이징 시간으로 08~17시 평양 시간 09~18시로 한다. 그러나 철도운행은 쌍방이 합의한 운행시간표에 따라 통행하며 위에서 지정한 공휴일과 통행시간에 제한을 받지 않는다.(5조 2항)

단둥 국경통과지점

중조우의교 상부: 인도교·철도 겸용

북-중 국경을 잇는 20개의 국경통과지점 중 대표적인 곳은 압록강에서는 단둥-신의주 국경통과지점이며 두만강에서는 취안허-원정리 국경

도국경통과지점으로 지정한 것으로 추정된다.

153) 북한은 2015년 8월 15일부터 표준시를 기존 시간보다 30분 늦추었으므로 현재는 08시 30분~18시 30분으로 변경되었다.

통과지점이다. 이 중 단둥-신의주의 국경통과지점은 철도와 인도교公路를 겸한 압록강철교중조우의교 양쪽 끝에 세워졌으며, 북-중 국경에서 가장 교역량이 많은 곳이다.

취안허-원정리 국경통과지점은 두만강 하류에 소재한 중국 지린성 훈춘시 징신샹敬信乡 취안허춘圈河村과 북한의 나선시 원정리를 잇는 교량 양 끝에 각각 위치해 있다. 이 국경통과지점은 중국의 훈춘경제특구(변경경제합작구)와 북한의 나선경제특구경제무역지대를 잇는 역할을 하고 있다. 오늘날 훈춘시와 나선시의 급속한 경제발전을 반영이나 하듯 이 곳의 화물, 여객의 통행이 가장 빠르게 증가하고 있다.

중국취안허 국경통과지점(좌측 사진)과 맞은편 북한의 원정리 세관(우측 사진)

한편 북한과 중국 사이에는 현재 단둥역-신의주역, 지안역-만포역, 투먼역-남양역을 잇는 3개의 국경철도가 있다. 양국은 이 철도를 관리하기 위하여 1959년에 관련 협정을 맺은 바 있으며, 1973년에는 이를 폐기하고 새로이 '국경철도에 관한 협정'[154]을 체결하였다. 이 협정의 주요 내용은 다음과 같다.

- 쌍방 철도국경역과 국경선과의 거리는 단둥역 1.4km, 신의주역 1.7km, 지안역, 7.3km, 만포역 3.8km, 투먼역 2.1km, 남양역 1.3km이다.(1조)
- 쌍방의 열차 운행 및 인계·인수 업무는 주야 24시간제로 운영하며

154) 『中华人民共和国铁道部和朝鲜民主主义人民共和国铁道部关于国境铁路的协定』, (1973년 10월 9일 체결, 1974년 1월 1일 발효), 『北·中 간 국경업무 조약집』, (국가정보원, 서울, 2006).

보고일의 개시는 18시로 정한다. 보고시간은 짝수 연도에는 북경시간을 기준으로 하고, 홀수 연도에는 평양시간을 기준으로 한다.(2조)

- 국경역 사이를 운행하는 열차에 사용되는 기관차와 승무원조組에 대해서는 짝수 연도에는 중국철도 측이 담당하고 홀수 연도에는 북한 철도측이 담당한다. 윤번제 교체 시각은 매년 12월 31일 18시前 담당국의 시간 기준로 한다.(3조)
- 쌍방의 철도 중앙기관은 매월 말 7일 전까지 다음 달 각 국경역을 경유하는 수출화물 운송계획, 국경통과화물 운송 계획 및 중계화물 운송계획을 전보로 상호 협의·결정하여야 한다. 이 계획에는 화물 종류·화차 수 및 톤수 등을 명확히 밝혀야 한다.(7조)
- 쌍방은 본本 협정과 의정서의 집행상황을 점검하고 제반 문제점을 해결하기 위해 윤번제로 매년 1회 북·중 국경철도회의를 개최한다.(11조)

3. 국경안전 및 사회질서 관리

북한과 중국은 오래전부터 국경에서 국가안전 및 사회질서 유지를 위하여 다양하게 협력해 왔다. 이 과정에서 양국은 국경조약과 관련 의정서 조인을 계기로 1964년에 그동안 여러 갈래로 나뉘어졌던 국경관리에 관한 협력체계를 하나로 묶어 '변경지구에서 국가안전과 사회질서 유지 업무 중 상호협력에 관한 의정서'[155]를 체결하였다. 그리고 30여년이 지난 1998년에 시대의 변화에 맞추어 기존 의정서를 대체하여 '국경지역 안전 및 사회질서유지에 관한 협력의정서'[156]를 체결하였다. 이 의정서의

---

155) 『中华人民共和国公安部 朝鲜民主主义人民共和国社会安全省关于在边境地区维护国家安全和社会秩序的工作中相互合作的议定书』, (1964년 6월 9일 체결). 『中朝, 中苏, 中蒙 有关条约, 协定, 义定书滙编』, pp. 106-116.

156) 『中华人民共和国公安部 朝鲜民主主义人民共和国国家安全保卫部关于在边境地区维护国家安全和社会秩序的工作中相互合作的议定书』, (1998년 7월 8일 체결, 1998년 8월 28일 발효). 『北·中 간 국경업무 조약집』, (국가정보원, 서울, 2006).

유효기간은 20년이며 일방이 상대방에게 효력 종료를 요구하지 않는 한 자동으로 5년씩 연장된다. 이 의정서의 주요 내용은 다음과 같다.

□ **국경지역의 안전 유지, 국가·사회재산 및 주민의 생명·재산 보호 업무에서의 협력(1조)**

- 쌍방은 화재·풍수해·지진재해·산업재해 등 각종 재해와 사고를 예방하기 위해 적극 협조하며, 일방一方은 재해·사고로 인하여 부득이 자국 영내에 들어온 상대방 주민을 구제해야 한다.
- 일방은 상대방이 분실한 선박·가축·가금家禽 및 기타 물건·재산을 습득하였을 때에는 적절히 보관하여야 하며 임의로 처리하지 말고 신속하게 상대방에게 이를 통지해야 한다. 통지를 받은 측은 빠른 시일 내에 이를 찾아가야 한다.
- 일방의 국경지역에서 전염병이나 병충해가 발생하거나 상대방 지역으로 전염될 위험이 있을 때에는 즉각 상대방에게 통지해야 한다. 필요시 상호 협의하여 국경지역 통행을 일시 금지시킬 수 있다.
- 일방이 자국 영내 또는 국경지역에서 상대방의 국가·사회재산 및 주민의 생명·재산에 피해를 줄 수 있는 작업을 할 때에는 사전에 상호 협의하여 안전대책을 세워야 한다.
- 일방이 국경지역에서 시체를 발견한 때에는 시체의 국적과 사망 원인을 규명하고 사자死者가 상대방 주민일 때에는 인계하여야 한다. 발견된 시체가 쌍방과 관련된 범죄사건과 연계되어 있거나 국적이 불분명할 때에는 쌍방이 합동으로 조사할 수 있다. 사자의 국적을 판별할 수 없을 때에는 시체가 발견된 지역을 관할하는 쪽에서 처리한다.
- 쌍방은 주민들의 생명과 국가·사회 재산에 피해를 주는 사고를 사전 방지하기 위해 압록강과 두만강의 공동수역에서 무기와 폭약으로 사냥을 하거나 물고기를 잡는 것을 금지한다.
- 국경지역에서 공무 집행을 하는 쌍방의 군경軍警은 국가안전을 침해하거나 파괴활동을 하려는 자나 기타 국경질서를 위반하는 자가 폭력으로 반항하며 자신들의 생명과 안전에 위험을 주는 경우를 제외하고는 총을 쏴서는 안 되며 경찰견警犬을 풀어 놓아도 안 된다.

□ 국경 및 국경 위에 설치된 시설의 경비 업무 중의 상호협력(2조)

- 쌍방은 압록강과 두만강의 공동수역을 공동 경비구역으로 한다. 경비 임무상의 편의를 위해 일방의 영토에 가까운 지역의 경비는 그 일방에서 책임을 지고 수행한다.
- 쌍방의 당 및 국가 지도자가 탑승한 특별열차가 국경 교량을 통과할 때에는 국경 교량 주변 수역에 대한 경비를 강화한다.
- 양국 국경 위에 있는 시설물에 대한 경비는 쌍방 해당부서 간 협의에 의거하여 각자가 담당해야 할 임무를 책임진다.

□ 출입국 질서 확립 및 유지 업무 협력(3조)

- 쌍방은 국경통행자들에게 여권·국경지역 출입통행증(중국 측은 「중화인민공화국 국경지역 출입통행증」 갑·을甲·乙, 북한 측은 「조선민주주의 인민공화국 공무 국경통행증」과 「조선민주주의인민공화국 국경지역 거주민 국경통행증」)과 쌍방이 합의한 기타 증명서를 발급하며 증명서에서 지정한 통행 지점으로 통과시킨다.
- 양국 국경지역의 시·현縣, 중국 행정단위—필자·군북한 행정 단위—필자의 공안 및 출입국 업무기관 책임자는 친척방문을 위해 상대방 국경지역을 여행하려는 국경지역 주민들에게 1개월을 기한으로 하는 주민 국경통행증(중국 측은 「중화인민공화국 중조국경지구 출입경 통행증」 을乙類, 북한 측은 「조선민주주의인민공화국 국경지구 주민 국경통행증」)을 발급하며, 이때 각자 규정된 전용도장을 찍어준다.

  국경지역 주민들의 친척 방문에 대해 심사비준을 엄격히 하여, 상대방 국경지역에 확실히 가까운 친척이 있을 때에만 발급한다. 쌍방 국경지역 주민들이 가까운 친척 외의 친척을 방문하려고 할 때에는 '초청통지서'에 의거하여 발급한다. 가까운 친척의 범위와 초청통지서의 양식 및 사용방법은 쌍방의 국경 안전·공안 전체대표회의에서 결정한다.
- 양국 국경을 통행하는 차량은 통일된 '자동차 국경통행출입증'을 사용한다. 지정된 지점으로만 통행하고 상대방 영내에서는 지정된 도로와 지역 안에서만 운행해야 한다.

ㅁ 불법 월경인원 방지 업무 중의 상호협력(4조)

- 합법적인 증명서를 소지하지 않았거나 소지한 증명서에 명시된 통행지점 및 검사기관을 거치지 않고 월경한 경우에는 불법 월경자로 처리한다. 단, 각종 재해 및 불가항력적 원인으로 일방의 영내에 들어온 상대방 인원정신병 환자 포함에 대해서는 불법 월경자로 보지 않는다.
- 불법 월경자에 대해서는 명단과 관련 자료를 상대방에게 넘겨주어야 한다. 단, 월경 후 범죄행위가 있는 경우에는 자국 법률에 따라 처리하고 그 정황을 상대방에게 통보하여야 한다.

ㅁ 범죄 소탕 업무 중의 상호협력(5조)

- 국가안전과 사회치안을 위해하거나 기타 범죄 혐의가 있는 자가 상대방 영내로 도망해 들어간 경우에는 반드시 상대방에게 통보하여야 한다.

  무기나 폭약 등 위험물을 소지하고 상대방 영내로 도주할 우려가 있는 범죄자에 대해서는 상대방에게 범죄 혐의자의 사진·신체특징·휴대 무기·위험물 및 월경 지점 등 상세한 관련 상황을 즉시 통보해야 한다.

  통보를 받은 일방은 상대방이 범죄자를 저지, 체포하기 위해 필요한 협조 조치를 해야 한다. 만약 상대방 영내에서 범죄 후 자국 영내로 들어온 상대방 범죄 혐의자를 체포하였을 경우에는 즉각 상대방에게 인계해야 한다.

  일방이 상대방 영내로 도망간 범죄 혐의자를 계속 추적·체포할 수 없을 경우에는 상대방에게 조사·체포를 의뢰할 수 있으며, 이를 의뢰받은 측은 가능한 빠른 시일 내에 범죄자를 체포하여 관련 자료와 함께 상대방에게 인계하여야 한다.
- 쌍방은 상대방 국경지역의 안전과 사회질서를 해치는 정보자료를 입수하였을 때에는 상호 통보하여야 한다.

  일방이 본국에서 범죄사건을 처리하는 과정에서 필요한 경우 상대방에게 자료조사를 의뢰할 수 있으며 의뢰를 받은 측은 빠른 시일 내 조사 상황을 통보하여야 한다.

- 전과가 있거나 범죄 혐의가 있는 자가 상대방 영내로 이주할 때에는 반드시 관련 자료를 상대방에게 전달하여야 한다.

이상에서 살펴본 의정서 내용을 1964년에 체결되었던 것과 비교해 보면 몇 가지 달라진 점이 눈에 띈다. 먼저 1964년 의정서 체결 이후 양국이 국경관리 과정에서 발생한 문제점들을 일부 보완한 것이 눈에 띈다. 제1조 6·7항에 신설된 '사고 방지를 위한 국경하천에서의 무기와 폭약을 사용한 사냥과 어획행위 금지'와 '양국 군경의 총기 사용 자제'나 제3조 4항에 신설된 '통일된 자동차 국경통행출입증 사용' 등이 이런 경우이다. 그리고 국경지역 주민들의 친척방문에 대한 심사가 강화(제3조 2항)되었는데, 이는 1990년대 말 탈북자 증대에 대처한 측면을 반영한 것으로 보인다. 제2조 2항에 신설된 '국가지도자 탑승열차에 대한 국경교량 주변수역 경비 강화' 는 탈냉전 이후 개방이 진전됨에 따라 발생한 특별한 국경 경비 수요를 반영한 것으로 보인다. 이밖에도 사회주의 붕괴와 자본주의 국가들과의 공존이라는 시대변화를 반영이나 한듯 진영 대결이나 계급적 관점에서 사용된 용어들도 삭제되거나 수정되었다. 1964년도 의정서에는 '반혁명분자간첩, 특무, 파괴, 암해분자 및 일반범죄분자'(제5조 1항)로 규정된 범죄 유형이 '국가 안전과 사회 치안을 위해하거나 기타 범죄 혐의가 있는 자'(제5조 1항)로 바뀌거나 '적대계급분자 및 범죄위험분자'(1964년 의정서 제5조 4항)가 '전과가 있거나 범죄 혐의가 있는 자'(제5조 4항)로 바뀐 것이 대표적인 예다.

제 6 장

주요 교류 기반시설

제6장

주요 교류 기반시설

국경이 차단과 분리의 상징을 넘어 연대와 협력의 가교로서 역할을 하려면 물질적 차원에서는 국경을 마주하는 나라 사이를 연결하는 각종 기반시설이 잘 갖추어져야 한다. 이런 맥락에서 이 장에서는 북-중 국경에서 양국이 관리하는 교류 기반시설을 살펴보기로 한다.

1. 국경교량

1) 개황

경계하천이 국경을 이루는 곳에서 양국 간 교류를 뒷받침하는 대표적인 시설이 교량이다. 교량은 압록강과 두만강을 가로질러 북한과 중국을 이어주는 가장 중요한 연결수단이다. 두 강의 폭이 그리 넓지 않고 대부분 구간에서 수심이 깊지 않은 반면에 물의 흐름은 비교적 빠르기 때문에 대형 선박을 이용한 양국 교류는 어렵다. 실제로 압록강 하구의 다타이즈항·단지부두와 신의주항 사이의 수상 운항을 제외하면 양국 국경통과지점이 있는 타이핑완-방산리 수운 구간은 댐이 완공된 후 생겨 소규모 교역통로로 사용되고 있으며, 라오후샤오-위원 간 구간은 나룻배 수준의 소형 선박만 운항이 가능하다.

2016년 말 현재 북-중 국경하천에서 사람이나 화물이 오갈 수 있는 국경교량은 철도교 3개, 인도교중문으로 公路桥 11개 등 14개이다. 이 가운데 단둥-신의주 간을 잇는 중조우의교는 철도교와 인도교를 겸하고 있기 때문에 실제 가동 중인 국경 상의 교량은 13개다. 북-중 교량 중 최대 규모를 자랑하는 단둥-신의주를 잇는 신압록강대교의 경우 교량은 완공되었으나 북한 쪽 진입로 시설이 갖추어지지 않아 아직은 제 기능을 못하고 있다.

특기할 만한 점은 현재의 북-중 교량 숫자가 일제가 괴뢰만주국 침탈 및 대륙 침략을 위해 압록강과 두만강에 건설했던 교량보다도 적다는 사실이다. 일제 시기에는 북-중 국경 상에 철도교 6개, 인도교 13개 등 모두 19개의 교량이 있었다. 그 중 7개의 교량이 끊어지거나 기능정지가 되어 현재 사용하고 있는 교량은 모두 12개다. 2015년 이전까지만 해도 사용 중인 국경교량 전부가 일제시기에 건설했거나 그 바탕 위에서 개보수한 것들이었다. 이러한 사실은 북한과 중국이 수교 60여 년간 한 개의 국경교량도 새로이 신설하지 않았음을 뜻한다. 이는 북-중 간 교역관계가 그동안 활발하지 못했음을 보여주는 한편, 일제가 대륙 침략을 위해서 한반도와 만주 지역을 치밀하게 거미줄처럼 연결해 놓았었다는 사실을 보여주는 것이기도 하다.

그러나 최근 중국 중앙정부가 국경지방 발전에 큰 관심을 보이고 북한이 경제개방을 본격화하면서 양국 정부는 국경 도처에서 새로운 교량을 건설하거나 개보수하기 시작했다. 그 결과 이미 지안-만포 간 인도교와 취안허-원정리 간 4차선 인도교 등이 완공·개통되었으며, 단둥-신의주 간 4차선 인도교인 신압록강대교도 완공단계에 와 있다. 북한과 중국은 이 밖에도 국경 여러 곳에서 새로운 교량 건설을 추진하고 있다. 이러한 교량건설 움직임은 북-중 관계 60년 만에 처음 일어난 것으로 향후 양국 간 교역·교류가 크게 증가할 가능성이 높다는 점을 시사한다. 여기서는 이상과 같은 특징을 지닌 북-중 국경 교량들의 제원과 기능, 연혁 등을 살펴보기로 한다.[157)]

2) 철도교

현재 북-중 국경철도는 모두 3개가 있다. 이 중 2개는 압록강 상에서 단둥-신의주, 지안-만포 간을 잇고 있다.

단둥-신의주 간 철도교는 일제 시기인 1937년 4월에 착공하여 1943년 5월에 준공되었다. 길이는 940.8m이며 복선 철도교였다. 원래 단둥-신의주 간에는 이미 이 다리 하류 100m 정도 지점에 1911년에 준공된 철도교가 있었으나, 상류에 이 복선 철도교가 건설되면서 사람과 차량이 오가는 인도교로 바뀌었다.

단둥시 중조우의교(철도, 차도 겸용)

그러나 한국전쟁 기간 중에 중공군중국인민지원군의 한국전 참전을 계기로 미군이 북-중 국경 교량에 대해 공중폭격을 가해 두 다리 모두 심

157) 북-중 국경교량에 관한 기본정보는 필자가 그동안 답사를 통해 얻은 지식과 《百度百科》. (baike.baidu.com)에 실린 해당 내용들을 주로 참조하였다.

각하게 훼손되었다. 북한과 중국은 훼손 정도가 심각한 인도교의 복구를 포기하고 현재의 다리를 복구하여 철도와 인도교를 겸용한 교량으로 사용하기로 결정하였다. 이에 따라 양국은 1951년 1월에 이 교량 위에 놓인 복선철로를 제거하고 대신에 한 쪽은 차와 사람이 다닐 수 있는 인도교로 만들고 다른 한 쪽에 단선철로를 부설하였다. 이로써 이 다리는 차량과 사람, 기차가 모두 통과하는 통로가 되었다. 따라서 기능적으로 표현한다면 철도교이자 인도교이기도 한 교량이 되었다. 1990년 10월 북-중 양국은 이 다리의 명칭을 '중조우의교中朝友誼橋, 북한명칭 조중우의교'로 변경하여 오늘에 이르고 있다.

압록강 중류에는 지안과 만포를 잇는 또 다른 압록강 철교가 있다. 이 다리 역시 1937년에 착공해서 1939년 7월에 준공되었다. 교량의 길이는 589.23m이며 철도 가장자리로 좁게 사람이 다닐 수 있도록 인도人道를 설치해 놓았다. 한국전쟁 중인 1950년 10월 11일 중국인민지원군 일부 부대가 이 국경철로를 통해서 최초로 북한에 들어갔다. 전쟁 기간

지안-만포 간 압록강 철도교, 맞은편은 북한 만포시 외곽

중 중국인민지원군 1군, 16군 등 42만 명이 이 철도를 이용해서 북한에 들어갔다.[158] 2016년에 지안-만포 간 인도교가 완공·개통되었는데, 그 전까지는 이 철도교가 이 지역의 유일한 국경교량이었다.

두만강에는 투먼시와 함경북도 온성군 남양 노동자구를 잇는 철도교가 있다. 1930년대에 건설되었으며, 교량 전체 길이는 439.96m이다. 현재 두만강에서는 유일한 철도교이다.

북한에서 국경 철도교를 이용하여 투먼으로 진입하는 국제열차

3) 인도교

북-중 국경에는 현재 사람과 차량이 오가는 인도교가 11개 있다. 이 중 4개가 압록강에 있으며 7개는 두만강에 있다. 먼저 압록강의 인도교를 하류에서 상류로 거슬러 올라가면서 살펴보자.

단둥-신의주 간을 잇는 중조우의교는 앞에서 설명했듯이 인도교와

158) "集安市鸭绿江大桥", 《中国桥》. www.china-qiao.com/ql06/thql/thql007.htm

철도교를 겸하고 있다.

지안과 만포를 잇는 인도교는 2016년에 개통되었다. 원래 지안시와 만포시를 잇는 인도교는 없었다. 그러나 북한의 김정일 국방위원장이 2010년에 만포-지안 철도교를 통해 중국을 방문한 이후 양국 간에 인도교 건설에 대한 협의가 본격화되었다. 그 결과 2012년 5월 양국은 인도교 건설에 합의하였으며, 이례적으로 인도교의 주교량을 북한쪽이 건설하기로 합의하였다.[159] 국경에서 북-중 경제협력 사업은 대체로 중국 측이 투자를 전담하는 방식으로 이루어져 왔는데, 이 교량은 예외적으로 경제적 어려움을 겪고 있는 북한의 주도로 건설되었다. 그런데 이 다리 건설이 발표되고 나서 몇 년 사이에 지안시의 부동산 가격이 거의 두 배로 상승하였다. 이는 북-중 교량건설이 중국의 변경 주민들에게 자기 고장의 경제발전을 위한 큰 호재로 받아들여지고 있음을 뜻한다.

신설된 지안-만포 인도교

159) "中华人民共和国和朝鲜民主主义人民共和国关于共同建设, 管理和维护集安—满浦界河公路大桥的协定"(2012.5.10.), 中华人民共和国外交部. (www.fmprc.gov.cn).

한편 압록강 중류가 시작되는 곳에 위치한 중국의 린장시臨江市와 북한의 자강도 자성군 중강읍도 인도교로 연결되어 있다. 이 다리는 1935년에 건설되었으나 한국전쟁 기간 중 미군 폭격으로 북한 쪽이 파손되었다. 전쟁이 끝난 후 1955년에 파손된 부분을 복구하였다. 다리 전체 길이는 600여m, 너비는 10m이다.

린장-중강 인도교

압록강 상류에 위치한 창바이현 도심과 양강도 혜산시 사이에는 두 도시를 잇는 장혜대교长惠大桥가 있다. 이 다리는 1936년 일제가 건설하였으나 1943년 홍수로 파괴되었다. 뒤에 복원했으나 1950년 한국전쟁 당시 미군 폭격으로 다시 파괴되었다. 정전 후 복구했으나 1964년에 홍수로 다시 파괴되었다. 이후 1960년대 중국의 '문화대혁명'으로 양국 관계가 경색 국면에 접어들자 장기간 다리를 복구하지 않은 채 방치하였다. 그에 따라 한동안 목선木船에 의존하여 양국 간 무역 운수가 이루어지기도 했다. 1985년에 북한과 중국은 각자 교량의 반을 맡아 수건修建하기로 합의하고 그 해 10월에 길이 148m, 너비 9m의 다리를 완공하여 오늘에 이르고 있다.

창바이-혜산 인도교(장혜대교, 长惠大桥)

이번에는 두만강의 인도교를 하류에서 상류로 거슬러 올라가면서 살펴보자.

현재 두만강의 북-중 인도교 중 교역·교류가 가장 활발한 곳은 두만강 하구에서 35㎞ 떨어진 곳에 위치한 훈춘시 취안허 국경통과지점과 나선시 원정리 국경통과지점을 잇는 교량이다. 이곳은 철도운송, 수상운송, 차량운송 등 다양한 운송 수단이 있는 단둥-신의주 간 국경통과지점과 달리 인도교만 있지만 교역도 매우 활발하고 교류인원도 많은 곳이다. 이곳의 교량은 현재 중국의 경제특구인 훈춘시와 북한과 중국 정부가 공동으로 개발·관리하는 경제특구인 나선경제무역지대를 이어주는 유일한 통로이다. 이곳의 교량은 두 개다. 즉, 1937년에 개통되어 현재까지 이용하고 있는 옛 다리와 2014년에 착공하여 2016년 말에 완공된 새 다리가 있는데, 둘 다 사용되고 있다. 옛 다리는 길이 500m, 너비 6.6m로 적재한계가 30~40톤에 불과했다. 따라서 늘어나는 물동량을 감당하지 못하게 되자 북-중 양국은 옛 다리에서 30m 떨어진 상류지점에 새 다리를 건설하기 시작하여 2016년 말에 완공하여 개통하였다. 새 다리의 길이는 638m이며 너비는 23m(4차선)이다.[160)]

신(右) 구(左) 교량이 병용되고 있는 취안허-원정리 인도교

취안허-원정리 인도교에서 두만강을 거슬러 상류로 올라가면 훈춘시 샤퉈즈沙坨子국경통과지점과 경원군의 국경통과지점을 잇는 교량이 나타난다. 이 교량은 1936년에 건설되었으며 길이 423m이다. 전통적으로 소규모 무역과 친척 방문 등에 이용되었던 인도교이다.

다시 상류로 더 거슬러 올라가면 두만강 중류가 시작되는 지점에 투먼시와 함경북도 온성군 남양을 연결하는 인도교가 있다. 흔히 한국인 관광객이 옌볜조선족자치주의 주도인 옌지시延吉市를 방문하고 북한 지역을 보기 위해 투먼시를 방문할 때 마주하게 되는 교량이다. 이 인도교는 1941년에 준공되었으며 너비는 514.92m이다. 현재 북한과 중국은 이 다리 옆에 새로운 교량을 건설하고 있다.

160) "中朝邊境圈河口岸大桥项目取得新进展", 《中华人民共和国国家发展和改革委员会》, 2014.9.29.

투먼- 남양 인도교, 정면은 북한 남양

룽징시 카이산툰开山屯과 온성군 삼봉노동자구도 인도교로 연결되어 있다. 원래 카이산툰과 삼봉을 연결하는 교량은 1927년에 완공되었으나 1934년에 철도와 차도를 겸용하도록 개건되었다. 전체 길이는 327.7m, 너비는 3.5m이다. 현재 철교는 폐쇄되고 인도교로만 사용하고 있다. 다시 상류로 거슬러 올라가면 룽징시 산허와 회령시를 연결하는 인도교량이 있다. 이 교량은 1941년에 건설되었으며, 이후 수차례 홍수로 인해 훼손되어 지속적으로 수리보강작업을 거쳐 오늘에 이르고 있다.

두만강 상류에 가까운 허룽시 난핑과 함경북도 무산읍 칠성리를 잇는 교량도 인도교이다. 이곳에 국경통과지점이 생긴 것은 일찍이 1929년이었다. 그러나 이곳의 교량은 홍수로 인해 여러 차례 파손되어 불통不通이 빈번했다. 그러다가 이 교량이 국경통과지점 교량으로 정식으로 사용된 것은 2004년부터였다. 그리고 최근 중국이 무산광산의 철광을 수입하기 시작하고 2015년에는 난핑 지역이 '허룽변경경제합작구'로 지정됨에 따라 교량의 보수관리가 한층 철저해졌다.

두만강 상류에도 허룽시 구청리古城利와 함경북도 연사군 삼장리를 연결하는 인도교가 있다. 이 다리는 1929년에 국경통과지점이 건립되면서 건설되었는데, 초기에는 나무다리로 만들어졌다. 이후 홍수 등으로 파손과 복구를 거듭하다가 1994년에 현재와 같은 영구적인 국경 교량으로 바뀌었다.

한편 압록강 하구 단둥시 궈먼완国门湾과 신의주 남쪽 용천을 잇는 신압록강대교도 사실상 완공단계에 접어들어 곧 개통될 것으로 예상된다. 북한과 중국은 2009년 10월 원자바오温家宝 중국 국무원 총리의 평양 방문을 계기로 신압록강대교 건설에 합의하였다. 2010년 12월 31일 착공식을 가졌으며 2015년 가을에 주교량을 완공하였다. 그러나 북한 쪽 진입로 공사가 진척되지 않아 개통되지 못했다. 중국이 공사비 전액을 부담하여 건설한 이 교량은 전체 길이가 3,016m, 주교량 길이 2,000m이며 너비 33m인 4차선 대형 현수교이다. 교량 공사비만 22억 2천만 위안(약 3억 4천만 달러)이 소요된 것으로 알려졌다.

신압록강대교 전경

신압록강대교 단둥 쪽 진입로, 왼쪽은 국경통과지점 세관(海关), 호텔

4) 단교斷橋 및 사용정지 교량

단둥시에서 압록강변의 명소를 꼽으라면 사람들은 단연 단교斷橋 일대를 꼽는다. 한국전쟁 중 미 공군기의 폭격을 받아 파괴된 이 다리는 현재 단둥시의 관광명소이자 중국 청소년들의 애국주의 교육장소가 되고 있다. 북-중 경계하천에는 이와 같이 끊어진 교량이 여러 개 있다. 그리고 파괴되지는 않았으나 장기간 사용정지 상태에 있어서 사실상 폐廢 교량이 된 것들도 있다.

먼저 압록강에는 단교 2개, 사용 정지된 철도교 1개가 있다. 이 중 단둥시의 단교는 일제가 대륙 침략을 위해 북-중 국경 상에 놓은 첫 교량으로 1911년 10월에 준공·개통되었다. 만주의 안봉선安東-奉天, 지금의 단둥-심양과 조선철로를 연결하기 위해 건설했던 철도교로 전체 길이는 944.2m, 너비 11m였다. 1943년 이 다리 상류에 복선 철도교현재의 조중우의교가 건설되면서 사람과 차량이 통행하는 인도교로 변경되었다. 이 다리가 정상 기능을 하던 때는 교량의 중간 부분이 차도, 양쪽 가장자리가 인도였다. 인도의 경우 중국 쪽에서 볼 때 왼쪽은 조선으로 나가는 통로였으며, 오른쪽은 중국으로 들어오는 통로였다.

한국전쟁 당시 중공군은 참전을 위해 단둥-신의주, 허커우河口-청성, 지안-만포 등 세 지점에서 주로 압록강을 건넜다.[161] 단둥에서는 1950년 10월 19일 펑더화이彭德懷 중국인민지원군 총사령관이 지휘하는 부대가 현재의 단교를 건너 북한으로 들어갔다. 중국인민지원군 참전 사실을 뒤늦게 안 미군은 압록강 상에 있는 국경교량들에 대한 파괴작전을 실시하였다. 그 결과 1950년 11월 미 공군기의 폭격으로 이 다리의 북한쪽 부분이 심하게 파괴되어 끊어졌으며, 이후 지금까지 단교상태로 있다.[162]

단둥시 압록강 단교와 상류의 중조우의교

단둥시에서 압록강을 따라 50km 정도 거슬러 오르면 타이핑완太平湾 댐이 나타난다. 이 댐 건설로 인해 주변 강가가 물에 잠기면서 댐 호반에 타오화다오桃花島라는 섬이 생겼다. 바로 이 섬에 가면 과거 중국의

161) 일부 부대는 린장-중강 지점에서 도강하였다.

162) 王为. "中国国际铁路口岸巡礼之十三: 中朝间的6座国际铁路断桥", 《中华铁道网》, 2016.9.28.

허커우河口와 북한의 평안북도 삭주군 청성군현재는 삭주군 청성노동자구을 연결했던 단교를 볼 수 있다. 이 허커우 단교의 원래 명칭은 청성교清城桥였으며 1942년 12월에 준공·개통되었다. 교량의 전체 길이는 709.12m, 너비는 6m였다. 이곳도 한국전쟁 당시 중국인민지원군의 주요 참전 통로였다. 1951년 3월 미 공군기의 폭격을 받아 이 교량의 북한 쪽 부분이 크게 파괴되었다.[163]

허커우 단교, 원명은 청성교

한편 허커우 단교 상류 6km 정도 지점에 중국의 샹허커우上河口와 북한의 삭주군 청수노동자구를 연결하는 철도교가 있다. 중국에서는 샹허커우 철도교라고 부르는데 원래 명칭은 춘함교春函桥였다. 1938년 건설을 시작하여 1940년 4월에 완공되었는데, 수풍발전소 공사를 위한 재료 운반 전용교량이었다고 한다. 따라서 압록강변의 허커우 역에서 중국 내륙으로 연결되는 철도는 없었다. 교량의 높이가 매우 높아 24.8m

163) "追寻志愿军秘密过江地—长甸河口", 《安东逸夫的博客》, http://blog.sina.com.cn/u/2345798213 (2013.10.28.).

에 달하며 길이 672m, 너비 9.3m이다. 한국전쟁 당시 중국정부는 이 교량을 통해 군수물자를 북한으로 수송하기 위해 랴오닝성 펑청风城에서 허커우까지 75.6km의 철도를 부설하였다. 1950년 10월에 시작한 공사는 불과 두 달 만에 끝나 그해 12월에는 중국 기차가 샹허커우 철도교를 통행할 수 있게 되었다. 정전 후 북-중 양국은 샹허커우 철도교의 사용을 중단하기로 합의하였으며, 그에 따라 지금까지 양국이 공동으로 교량만 유지·관리하고 있을 뿐 사용을 하고 있지 않다.[164)]

북한쪽 강 위에서 바라본 샹허커우 철도교, 원명은 춘함교

한편 허커우 일대는 한국전쟁 당시 중국인민지원군 병력과 물자가 활발하게 북한으로 건너간 요충지였다. 우리에게 장전하구长甸河口로 알려진 이곳에는 상류에서 하류로 내려오면서 샹허커우上河口, 허커우河口, 샤허커우下河口가 있었는데, 중국인민지원군은 이 지역 여러 곳에 도강을 위해 가교假橋를 부설했다. 아마 이 지역이 교통도 편리하고 수풍댐 하류에 위치해서 강의 수량조절이 가능했기 때문에 가교공사가 수월했

164) "追寻志愿军秘密过江地一长甸河口", 《安东逸夫的博客》. http://blog.sina.com.cn/u/2345798213 (2013.10.28.).

을 것으로 짐작된다. 그러나 이 가교들은 타이핑완댐이 건설되면서 수몰되어 흔적조차 남아있지 않다.

옌워철도교 잔재

한국전쟁 당시 중국인민지원군은 허커우 지역 외에도 압록강의 여러 곳에 가교를 부설하였다. 예컨대, 가교는 지안-만포 간에도 있었으며 단둥 시내 조중우의교에서 허커우 사이의 압록강 상에도 여러 개 있었다. 특히 중국인민지원군은 단둥 상류에 2개의 간이 철도교를 목재로 만들었는데, 현재 단둥시 구간에서 압록강 상류 쪽으로 5km 올라온 지점에 옌워燕窩철도교의 잔재가 남아 보존되고 있다.

이상에서 살펴본 것처럼 압록강 상의 단교들은 한국전쟁 당시 미 공군기의 폭격으로 생겼다. 반면에 두만강의 단교들은 2차 대전 말기 일본군의 패퇴와 관계가 있다.

1945년 8월 9일 소련군은 대일전 참전을 선포하고 만주 일원과 조선 북부지방을 향해 진격하였다. 이때 소련군은 패퇴하던 일본군의 퇴로를 저지하기 위해 두만강 중하류에 있던 교량 1개를 파괴하였다. 거꾸로 일본군도 퇴각하면서 교량 1개를 파괴하였다. 이렇게 파괴된 다리가 슈아이완즈甩湾子, 솔만자 인도교와 량수이凉水인도교다.

먼저 훈춘시 슈아이완즈甩湾子, 솔만자와 경원군 훈융리를 잇는 슈아이완즈 인도교는 1938년에 건설되었으며 길이 486.5m, 너비 6.5m였다. 그러나 이 다리는 1945년 8월 대일전에 참전한 소련군이 패퇴하는 일본군 퇴로를 막기 위해서 다리 중간을 폭파해서 단교가 되었다고 한다.[165]

그런데 슈아이완즈 단교에서 아주 가까운 두만강 하류에는 끊어진 철도교 잔해가 있다. 이것은 슈아이완즈-훈융리 철도교 잔해다. 이 철도교는 1934년에 레일의 부설·철거가 간단한 경편철로輕便鐵路로 건설되었다가 1939년에 표준궤의 정상철도교로 개건되었다. 일본군 패망 후 만주를 점령한 소련군이 이 철도와 연결되는 훈춘-마디다马滴达 간 철로 설비를 전부 철거하여 소련으로 가져갔다. 이후 남아있던 슈아이완즈-훈춘 간 철로 설비도 1946년 중공군이 철거하여 군수물자 생산에 사용해버렸다. 이로써 이 국경 철도교는 사실상 사용이 불가능하게 되었다. 1960년, 북한과 중국은 합의 하에 이 철도교의 교량을 철거하였다.[166] 따라서 현재는 교각만 남아 있다.

슈아이완즈 인도교 단교(뒤 교량)와 철도교(앞 교량) 잔해

165) "甩湾子断桥",《中国·珲春示范区网》. 2014.4.11.

166) 王为. "中国国际铁路口岸巡礼之十三:中朝间的6座国际铁路断桥",《中华铁道网》, 2016.9.28.

그런데 북한과 중국은 슈아이완즈-훈융리 간 철도를 다시 부설하겠다는 계획을 추진하고 있다. 이 교량의 건설 목적은 훈춘시와 나선시 간의 늘어나는 교역량을 소화하기 위해서다. 이 철도교를 이용하여 북한의 함북선 철도를 통해 훈춘시와 나선시를 연결하겠다는 것이다. 이 구상은 이미 2010년에 작성된 중조나선합작계획中朝罗先合作规划에 포함되었으며, 현재 추진중인 것으로 알려졌다.[167)]

한편 투먼시 중심에서 두만강 하류로 23km 떨어진 지점에도 온성군 온성읍과 투먼시 량수이凉水진을 연결했던 단교가 있다. 원래의 명칭은 온성대교였으며 1936년에 건설되어 1937년에 개통되었다. 교량의 길이는 525m, 너비는 6m이었다. 투먼시 정부 설명에 따르면 1945년 8월 12일 일제가 소련군 지상군의 추격을 저지하기 위해서 이 다리를 폭파했다고 한다.[168)]

량수이단교, 두만강 건너편은 온성읍

167) “[独家]投资指南: 中国-朝鲜5大建设项目详解”, 《海外网》, 2016.1.14.
168) “图们市凉水断桥” 《图们政府网》, 2016.8.1.

한편 룽징시 카이산툰진과 온성군 삼봉노동자구 사이에도 양쪽을 이어주었던 철도교의 잔재가 남아있다. 이 교량은 1934년에 인도교와 겸용하도록 건설되었다. 그러나 해방 후 곧장 기차 운행이 중단되고, 인도교로만 사용할 수 있도록 고쳐졌다.[169)]

카이산툰 인도교와 그 옆에 잔재만 남아 붙어 있는 철로

2. 에너지 협력기반: 수력발전소와 송유관

북한과 중국은 압록강을 매개로 두 분야에서 에너지 협력 기반시설을 갖추고 있다. 수력발전소와 송유관 시설이 그것이다.

1) 수력발전소

(1) 압록강 국경 수력발전의 경제적 중요성

북-중 국경에 갖춰진 교류기반 중에서 가장 견고하고 협력적이며 쌍방

169) 王为. "中国国际铁路口岸巡礼之十三: 中朝间的6座国际铁路断桥", 《中华铁道网》, 2016.9.28.

이익이 발생하는 분야는 단연 수력발전 시설이다. 이 수력발전은 수량이 풍부한 압록강에서 이루어진다. 과거 두만강 중류 바이진(白金)에서 중국 측이 소형발전소를 건설한 적이 있었으나 의미를 둘 만한 수준은 아니었으며, 그마저도 지금은 가동중단 상태이다.

압록강 발전소들의 전력생산 규모는 양국 경제에 나름대로 중요한 기여를 하고 있다. 물론 중국과 같은 경제대국의 경우 압록강 수력발전은 랴오닝성辽宁省, 지린성吉林省 등 일부 지방의 전력수요에 기여할 정도밖에 되지 않는다. 그러나 인구가 적고 경제난에 시달리는 북한의 입장에서 압록강 수력발전은 상대적으로 국가경제를 뒷받침하는 중요한 시설이라고 할 수 있다.

오늘날 북한이 겪는 심각한 경제난의 중심에는 전력난이 있다. 그래서 북한에서 에너지 문제는 동력 문제, 식량 문제와 함께 경제발전을 위해 반드시 해결해야 할 '관건적 요소'로 규정된다. 북한의 지도자 김정은은 2016년 5월에 열린 조선노동당 7차대회 사업총화 보고에서 "국가경제발전 5개년 전략"을 제시하면서 전력문제 해결을 '5개년 전략 수행의 선결조건이며 경제발전과 인민생활향상의 중심 고리'로 규정하였다. 김정은은 전력문제 해결 방향으로 수력을 위주로 하면서 화력에 의한 전력생산을 합리적으로 배합하고 원자력발전의 비중을 높이며 다양한 자연에너지 원천을 적극 이용할 것을 제시했다.[170] 이는 북한 전력의 중추가 현재 수력발전이라는 사실을 시사한다.

바로 이러한 상황에서 북한 수력발전의 상당부분을 압록강 본류에 있는 발전소들이 생산하고 있다. 이 발전소들은 북-중 공동관리 하에 있으며, 생산된 전기는 양국이 공평하게 나누도록 되어 있다. 2016년 기준으로 압록강에서 북-중이 공동으로 생산하는 수력발전 용량은 233만 kW에 달하는 것으로 파악되고 있다. 이 중 북한 몫은 절반인 116.5만 kW이다. 이는 남한의 전문기관들이 추정하는 북한 총 발전용량 724만

170) 김정은. "조선로동당 제 7차 대회에서 한 당중앙위원회 사업총화 보고", 《로동신문》, 2016.5.8.

kW2013년 기준[171]의 16%에 해당하는 규모다.

그런데 수력발전의 경우 갈수기간 등 변수가 많고 발전소마다 연평균 설계발전량이 다르기 때문에 단순히 발전용량만으로 발전량을 추정할 수 없다. 그래서 연평균 발전량을 통해 압록강 수력발전의 비중을 추정해보았다. 중국에서 제시되는 자료들을 종합해보면, 최근 압록강의 연간 수력발전량은 79.5억kWh 정도로 추정된다. 이 발전량의 절반을 북한이 갖게 되므로 북한이 압록강 수력발전을 통해서 얻는 연간 발전량은 39.75억kWh 정도로 추정된다. 이는 남한 전문기관들이 추정하는 수력, 화력 등을 포함한 북한의 연간 총 발전량 221억kWh2013년 기준의 17.4%를 차지하는 수치다. 앞의 발전용량 비율로 계산한 수치와 유사한 결과가 나왔다.

이상의 발전용량과 연간 발전량에 대한 추정 계산을 통해 2015년말 기준으로 압록강 본류의 수력발전이 북한 전체 전력의 약 16~17% 정도를 공급하고 있다고 판단할 수 있다. 이처럼 압록강 수력발전은 북한 경제에서 무시할 수 없는 비중을 차지하고 있다.

(2) 압록강 수력발전의 연혁과 현황[172]

역사적으로 볼 때 조선과 중국 간 국경하천에서 수력발전 사업이 시작된 것은 일본 제국주의 치하인 1920년대부터였다. 일제는 압록강의 조선 내 지류인 부전강, 장진강, 허천강 등에서 먼저 수력발전을 개발하기 시작했다. 이어서 1931년 9월에 만주를 침략하여 이듬해 괴뢰만주국을 세운 것을 계기로 국경하천인 압록강의 수력자원 개발에 본격적으로 나섰다.

일제는 1937년 4월 괴뢰만주국에 압록강수력발전주식회사鴨綠江水力發電股份有限公司를 만들고, 식민지 조선에는 조선압록강수력발전공사를 세워 양사가 공동 경영하는 압록강, 두만강 본류의 수력발전사업 계획

171) 《KDI북한경제리뷰》. 2016년 5월호; 세종시, KDI, 2016년 5월, 22쪽.

172) 이 부분은 张宝琦 "中朝供电史研究"《通化師範學院, 朝鲜半岛经济文化研究中心》. (http://cxbd.thnu.edu.cn) 2014.12.24.를 참조하여 서술하였다.

을 세웠다. 일제는 우선 의주, 위원, 만포, 운봉, 중강, 후창 등 6곳에 15년 동안 계단식으로 발전소를 건립한다는 계획을 세웠다. 이 계획에 따라서 먼저 60만kW의 발전 용량을 지닌 수풍水豊발전소가 1937년 10월에 착공되었다. 이 발전소는 1941년에 발전기 1대가 가동을 시작했으며, 1943년에 모두 완공되었다. 이어서 일제는 1943년에 의주, 운봉 등에서도 발전소 건설에 착수했으나 1945년 8월 일제의 패망으로 인해 건설이 중단되었다. 8.15 당시 의주발전소는 댐 공사 중에 있었고, 운봉발전소는 댐의 방축공사가 끝난 상태였다.

일제 패망 후 수풍발전소는 소련 군대가 접수하여 관리했으며, 이때 소련은 6기의 발전기 중 2기3,4호 발전기를 철거하여 자기 나라로 약탈해 갔다. 1948년 소련군은 북한에서 철수하면서 수풍발전소의 관리권을 북한정부에 인계하였다. 중국 측도 수풍발전소 운영권리의 반을 가지고 있었지만, 당시는 국공내전 중이었고 모든 발전시설도 북한 쪽에 건설되어 있었기 때문에 북한이 발전소 운영권을 인계받는 데 큰 어려움은 없었다.

수풍발전소는 한국전쟁 중인 1952년에 변전소와 발전소 건물, 댐이 미 공군기의 폭격을 받아 파괴되어 발전기 1·2호기만 가동이 가능했다. 이에 전쟁이 끝난 후 북한 당국의 요청으로 소련 레닌그라드 설계원이 복구건설 사업을 담당하여 발전소 재건에 나섰다. 발전소 복구공사는 1954년에 시작하여 1958년 8월에 완료되었는데, 이때 총 발전용량은 63만kW였다. 이 복구공사에 중국 측도 참여하였으나 북한 측이 소련의 지원 아래 대부분의 노동력과 자재를 부담하면서 재건을 주도하였다. 북한은 김일성 수상의 참석 아래 성대하게 준공식을 치렀다.

수풍댐 복구를 계기로 북한과 중국은 압록강 수역에서 본격적으로 발전소 건설에 나섰다. 그 결과 운봉云峯, 위원渭原, 타이핑완太平湾 등에 3개의 발전소가 추가로 건설되어 압록강 본류에는 4개의 수력발전소가 들어서게 되었다. 이 발전소들을 건설 시기가 이른 것부터 차례로 살펴보면 다음과 같다.

□ 수풍발전소

수풍발전소는 압록강의 수력발전소 중 가장 규모가 크고 오래되었다. 평안북도 삭주군 수풍노동자구에 위치해 있으며, 압록강 하구로부터 93km 떨어져 있다. 맞은편 중국 쪽은 랴오닝성 콴디엔寬甸현이다. 수풍발전소의 현재 발전용량은 100만kW, 연평균 발전량은 39.3억kWh로 추정된다.

원래 댐 복원 준공식이 있었던 1958년에는 발전용량이 63만kW였다. 발전시설은 모두 북한 쪽에 건설되었다. 그런데 1971년에 북한과 중국이 각각 자기 지역에 13.5만kW 용량의 발전소 증설에 합의하고 1983년부터 공사를 시작하여 1987~1888년에 완공함으로써 27만kW가 증가되었다. 이때 중국은 수풍발전소에서 최초로 자기 지역에 발전시설6.75만kW 발전기 2기을 보유하게 되었다. 이어서 1990년대에 북한이 중국에 통보하지 않고 무단으로 증설한 10만kW 용량의 발전시설이 드러났다.[173] 따라서 이것들을 모두 합하면 100만kW가 된다.

수력발전소를 품고 있는 수풍댐은 최고높이 106m, 폭30m, 길이 900m, 정상 저수량 121.1억m^3정상수위 123.3m일 경우, 저수면적 345km^2에 달한다. 가히 한반도 전역에서 가장 큰 댐이라고 할 수 있다.

수풍댐

173) 중국 측 수풍댐 관계자 증언(2015년 10월, 단둥).

수풍발전소의 발전기(중국측)

□ 운봉발전소

운봉발전소는 자강도 만포시맞은 편 중국 쪽은 지안시에서 상류로 45km 거슬러 올라간 지점에 위치해 있다. 현재 발전용량은 40만kW, 연평균 발전량은 15.2억kWh이다. 운봉 댐은 1959년 10월에 공사를 시작하여 1967년 4월에 완성되었다. 댐의 발전방식은 마치 뱀처럼 심하게 휘어진 압록강의 사행부蛇行部지형을 이용하여 745m의 도수관導水管 터널을 뚫어 낙차를 크게 하여 발전하는 댐수로식 발전이다.[174] 이러한 발전방식 때문에 운봉댐 바로 밑에 위치한 압록강은 거의 물이 흐르지 않는 건천乾川이 되어 버렸다.

운봉댐은 북한과 중국이 압록강에 공동으로 건설한 최초의 댐으로서 댐 공사는 북한이 설계·시공하였으며, 발전시설 안치 부분과 도수관도導水管道는 중국이 설계·시공하였다. 발전시설은 중국 측이 관리하고 있다. 댐의 길이는 828m, 최대높이 113.8m, 최대저수량 45.8억m^3, 저수 면적 102km^2이다.

174) 이옥희 『북·중 접경지역- 전환기 북·중 접경지역의 도시네트워크』, 서울, ㈜푸른길, 2011, 73쪽.

한편 북-중 양국은 운봉댐 상부를 사람과 화물이 오갈 수 있는 연결 통로로 사용하고 있으며, 중국에서는 내국인들에 한해 이곳을 관광구역으로 개방하고 있다. 또 운봉댐은 압록강 상류에서 흘려보낸 벌채한 뗏목들이 집하集荷되는 곳이다. 운봉댐 바로 밑에 목재가공 기지인 운봉노동자구가 있다.

방류중인 운봉댐(맞은편 댐 밑 마을이 북한의 운봉노동자구)

운봉댐에서 집하된 북한 뗏목들

□ 위원발전소

위원발전소는 1978년에 착공하여 1990년에 완공되었으며, 발전용량은 39만kW, 연평균 발전량은 12억kWh이다. 위원댐은 만포에서 압록강 하류로 60km 정도 내려간 지점중국 쪽 지명은 라오후샤오, 老虎哨에 위치해 있다. 중국에서는 라오후샤오발전소老虎哨电站라고 부른다. 북한의 행정구역으로는 평안북도 위원군에 속하며, 이 댐 건설로 인해 압록강 강변에 자리 잡았던 옛 위원읍이 수몰되었다. 현재 위원읍은 수몰된 옛 지역을 떠나 위원댐의 바로 밑 압록강변 언덕 지대로 옮겨와 다시 건설되었다.

위원댐 전경

중국에서 바라본 위원댐과 신(新) 위원읍

위원발전소는 북-중 양국 공동투자로 이루어졌으며, 북한 측이 설계·시공을 담당하였고 운영관리도 책임지고 있다. 댐의 높이는 55m, 길이는 627m이며, 총저수량은 6.3억m^3, 저수면적은 39km^2에 달한다.

한편 위원댐의 건설로 댐 상류의 수위가 높아지면서 옛 위원읍 등이 수몰되었지만, 그로 인해 위원호는 주변의 수려한 산수를 태극太極형상처럼 품고 있는 비경의 풍광을 지니게 되었다. 따라서 지안시에서는 이 곳을 태극만이라고 칭하며 중요한 압록강 수상관광 코스로 개발하고 있다.

위원댐 호반: 태극만

□ 타이핑완太平湾발전소

타이핑완발전소는 압록강 하류에 자리 잡은 발전소로서 중국 단둥丹東에서 압록강 상류 방향으로 50km 거슬러 올라온 곳(북한 쪽은 평안북도 삭주군 방산리)에 위치하고 있다. 1979년에 착공하여 1986년에 완공되었다. 댐의 설계시공은 중국 측이 담당했으며, 현재 운영관리도 중국 측이 책임지고 있다.

타이핑완발전소는 타이핑완과 장전长甸에 소재하는 두 개의 발전소를 하나의 발전기지에서 운영하는 방식一厂两站 운행관리방식을 취하고 있다.

이중 타이핑완의 발전시설이 19만kW, 장전의 발전시설이 최근 20만 kW를 증설하여 35만kW에 상당한 것으로 알려지고 있다. 발전소 전체 발전용량은 54만kW이며, 연평균 발전량은 13억kWh정도이다. 댐의 최대높이 36.5m, 댐 길이 1,185m, 정상 저수량 1.7억m^3, 저수면적 28.5km^2이다.

타이핑완 댐 전경

□ 건설 중인 발전소: 문악, 왕장로우 발전소

북한과 중국의 수력발전 협력은 여러 곡절을 겪으며 장기간에 걸쳐 점진적으로 진행되는 특징을 지녔다. 이는 국내적 요소 외에도 국제정세의 변화와 양국 간 이해 조율 등 추가적인 장애요소들이 많았기 때문이다. 특히 냉전 시기 북한과 중국은 대외적으로는 혈맹관계였으나 대내적으로는 수시로 갈등을 겪었다. 그리고 중국의 '문화대혁명' 시기에는 갈등이 장기화되기도 했다.[175] 이럴 때마다 국경 수력발전소 건설 논의는 지체될 수밖에 없었다. 탈냉전 이후에도 북한 핵개발이 초래한 국

175) 이와 관련해서는 이종석. 『북한중국관계 1945~2000』, 참조 바람.

제적 긴장이 양국 관계에 영향을 미치고, 이것이 수력발전 협력에도 수시로 장애로 등장했을 것이다. 그러다보니 양국의 수력발전 협력 논의나 공정工程은 더딜 수밖에 없었다.

그럼에도 불구하고 양국이 수력발전 협력을 포기한 적은 거의 없었던 것으로 보인다. 이러한 사실은 양국이 압록강에서 오래전에 합의한 중소형발전소 건설을 우여곡절 끝에 최근에야 진행하고 있는 데서 확인된다.

북한과 중국은 1990년 말에 압록강 본류에 몇 개의 중소형발전소를 건설하기로 합의하였다. 북-중 공동운영체인 중조수력발전공사 이사회는 이를 뒷받침하여 1995년 12월 압록강의 지안시集安市-운봉댐 구간에 왕장로우望江楼 발전소중국 측 전담건설와 문악文岳 발전소중국 측 명칭은 長川 발전소, 북한 측 전담건설 등 4만kW 용량의 수력발전소를 두 개 건설하기로 확정하였다. 그리고 15년이 경과한 뒤인 2010년 1월 양국은 이 발전소들을 2010~2013년에 건설하기로 합의했다. 그러나 여러 사정으로 착공이 늦어지면서 건설기간을 2015~2019년으로 다시 연장하였다.

양국은 실제로 2015년부터 발전소 건설공사를 시작하여 문악과 왕장로우에서는 공사가 진행 중에 있다. 왕장로우발전소의 연평균 예상 발전량은 1.52억kWh이며 문악발전소는 1.46억kWh이다. 중국 측은 2016년 4월 기준으로 왕장로우 발전소 건설에 13.7억 위안약 2억 달러이 투자될 것으로 예상하였다.[176] 북한이 건설하는 문악발전소에 대해서는 건설비용을 중국 측이 투자형식으로 전액 제공하되, 대신에 발전소 건설 후 북한이 전력 전부를 중국에 수출하여 그 수입으로 상환하기로 했다. 북한은 투자상환이 끝난 뒤에도 문악발전소에서 생산한 전력을 중국 측에 수출하기로 하였다.[177] 건설은 북한 측이 공정을 책임지되, 중국의 동북전력공사北电网有限公司가 물자설비를 구매하여 제공하는 형식으로

176) "集安市望江楼电站工程项目简介", 《集安市政府公众信息网》, 2016.4.18. (来源:集安市发展和改革局).

177) 集安望江楼和文岳电站奠基及项目建设巡礼", 《吉林日報》, 2010.4.13.

진행되고 있다.[178)]

장기적으로 자강도 중강군 중강읍과 중국의 린장시临江市 사이를 흐르는 압록강 중상류에도 중국자본으로 발전소가 건설될 것으로 보인다. 1985년에 중조수력발전공사는 압록강에 린장수력발전소와 의주수력발전소발전용량 10만kW를 개발하기로 확정한 바 있는데, 이 중 린장발전소에 대한 건설 움직임이 가시화되고 있다. 중국 측은 2010년 9월에 그동안 지연되어온 린장발전소 건설을 위해 발전용량 30만kW, 연평균 발전량 8.52억kWh 규모의 발전소 건설을 목표로 기획건립처筹建处를 조직하여 활동을 개시하였다.[179)]

(3) 북-중 간 압록강 수력발전의 공동이용 방식

북한과 중국은 압록강 본류에서 가동 중인 4개의 발전소를 공동 관리·운영하고 있다. 현재 이 수력발전을 총괄 관리하는 회사는 북-중 공영共營 회사인 중조수력발전공사中朝水力发电公司다. 북한과 중국은 1955년 4월 17일 압록강 본류의 수력발전을 공동이용하기 위해 "압록강 수풍수력발전소에 관한 협정关于鸭绿江水丰水力发电厂的协定"을 맺었다. 협정 제목에 '수풍수력발전소'가 명기된 것은 1950년대까지만 해도 수풍발전소가 압록강 본류에 위치한 유일한 수력발전소였기 때문이다. 1955년 7월 1일부터 효력을 발생한 이 협정은 이후 건설된 다른 수력발전소들의 이용방안에도 확대 적용되었으며 오늘날에도 역시 유효하다.

이 협정의 주요 내용을 살펴보면[180)] 먼저 북-중 양국은 수풍수력발전소의 모든 재산을 공동소유하기로 하고, 이를 공동 경영하기 위하여 북-중 압록강수풍수력발전공사水丰水电公司로 약칭를 설립하기로 하였다.

---

178) "集安市望江楼电站工程项目简介", 《集安市政府公众信息网》, 2016.4.18. (来源:集安市发展和改革局).

179) 国家电网公司东北分部(东北电网有限公司). "国家电网公司东北分部(东北电网有限公司)2015年高校毕业生招聘公告(第二批)", 2015年 2月 28日.

180) "中华人民共和国政府 朝鲜民主主义人民共和国政府 关于鸭绿江水丰水力发电厂的协定"(1955.4.17 체결, 1955.7.1. 발효). 『北·中 간 국경업무 조약집』, (국가정보원, 서울, 2006).

그리고 양국 정부가 파견하는 인원으로 수풍수전공사 이사회 및 감사회를 조직하여 양국 정부를 대표하여 공사를 지도·감찰하도록 하였다. 전력배분과 관련해서 북-중 양국은 수풍발전소가 생산한 전력은 원칙적으로 양국에 균등하게 분배하되, 어느 일방의 권익에 손해를 끼치지 않는다는 조건 하에 구체적 상황에 따라 비율을 조정할 수 있도록 하였다. 양국에 공급하는 전기요금은 동일한 가격으로 계산하도록 했으며, 양국은 공사에 대하여 자국 국영기업과 동등하게 대우하며, 회사운영과 관련되는 모든 세금을 면제해주도록 했다. 뿐만 아니라 양국은 이 협정의 정신에 입각하여 이후 압록강 수력자원의 종합적 이용과 공동개발에 대한 방안을 별도로 합의·작성하기로 하였다.

한편 북한과 중국은 "압록강수풍수력발전소에 관한 협정"에 근거하여 1955년 5월 7일 베이징에서 "중조압록강수풍수력발전공사에 관한 의정서关于中朝鸭绿江水丰水力发电公司的议定书"[181]를 맺었다. 이 의정서 부록 제1호가 '중조 압록강수풍발전회사 정관中朝鸭绿江水丰水力发电公司章程'인데, 그 주요 내용은 다음과 같다.[182]

- 중조압록강수풍수력발전공사(이하 공사)는 북한의 수풍구에 위치하며, 공사에 소속되는 발전·송전·변전·배전 설비, 제방·뗏목길·배수시설 건축물 등 일체 시설의 유지보호·수리보수와 전력 생산의 안배를 업무범위로 한다. 또한 공사의 향후 발전계획·기본건설계획·생산기술 및 재무 계획을 수립하고 추진한다.
- 공사의 최고 지도기관인 이사회는 양국 정부가 각각 파견하는 이사 6인으로 구성하며, 이사 중에서 이사장과 부이사장 각 1명을 선출한다. 이사장과 부이사장은 양국 이사가 교대로 담임하되 3년에 한번 교체한다. 이사회 회의는 협의정신에 근거하여 이사회 권한에 속하

181) "中华人民共和国政府　朝鲜民主主义人民共和国政府关于中朝鸭绿江水丰水力发电公司的议定书", (1955.5.7. 체결, 1955.7.1. 발효). 『北·中 간 국경업무 조약집』, (국가정보원, 서울, 2006).

182) "中朝鸭绿江水丰水力发电公司章程", 『北·中 간 국경업무 조약집』, (국가정보원, 서울, 2006).

는 모든 문제들을 토의·해결하며 어느 일방이 반대하는 결의는 통과 시킬 수 없다. 이사회 정기회의는 매년 2회 소집한다.

- 전력요금과 관련해서는 공사 이사회가 북-중 쌍방이 제출한 연간 전력구매 수치에 근거하여 평형지표를 만들고 전기 공급계획을 작성하여 양국 전력사용부서에 판매한다. 전력사용부서는 공사와 직접 전력수급 기술계약을 체결하며 전력 요금은 전력사용부서에서 월별로 공사에 결산·지불한다.

북한과 중국은 이상의 내용을 담은 '중조압록강수풍수력발전공사에 관한 의정서'를 맺고, 이 공사를 정식으로 발족시켰다. 세월이 흐르는 동안 공사의 성격과 업무에는 변함이 없었으나 공사의 명칭은 상황 변화에 따라 몇 차례 바뀌었다. 북한과 중국은 1958년 12월 압록강 본류에 새로 운봉발전소 건설을 준비하면서, 공사가 새로 건설되는 발전소들도 함께 관리한다는 뜻에서 회사 명칭에서 '수풍'을 빼고 '중조압록강수력발전공사'로 개칭하였다. 이어서 1985년 5월에는 중조압록강수력발전공사 성립 30주년을 맞이하여 두만강 수력발전을 탐사개발하기로 결정하고, 향후 두만강 수력발전도 관리한다는 비전 아래 다시 회사 명칭에서 '압록강'을 삭제함으로써 '중조수력발전공사'가 되었다.

한편 중조수력발전공사는 앞에서 살펴본 협정과 의정서에 근거해서 오늘날에도 발전전력을 북-중 양국에 50:50으로 배분하고 있다. 구체적으로 공사는 1~9월까지는 양국이 각자 자율적으로 발전기를 가동하여 전기를 생산하도록 하고, 9월말 기준으로 양국의 발전량을 계산하여 이후 차이가 발생한 부분을 조정하는 작업을 한다. 즉, 10~12월에 양국 간 불균형 발전량을 균등하게 조정하기 위한 조절을 진행한다. 그럼에도 불구하고 발생한 차이에 대해서는 전력과잉 생산국가가 과잉전력분을 현금으로 상대국에 보상해주는 방식을 취하고 있다. 그러나 전력요금이 매우 싸게 책정되어 있어서 양국은 부족전력을 추가로 생산하는 방식을 선호하고 있는 것으로 알려져 있다.[183)]

한편 북한과 중국은 압록강의 발전소들이 생산한 전력을 양국 주민들에게 공급하는 데 있어서 소소한 부분에서는 특별히 유·불리를 가리지 않고 호혜적인 태도를 보여 왔다. 즉, 양국은 과거에는 압록강, 두만강 연안의 국경 도시나 마을에 대해서 곳곳에서 국경을 초월하여 지리적으로 편리한 쪽에서 전력을 공급하는 특별한 관계를 형성하기도 했었다. 아직도 이러한 관계의 흔적이 남아있다. 예컨대, 중국의 영토와 연륙連陸한 압록강 하류의 평안북도 비단섬과 황금평에는 중국 단둥전력공급공사丹东供电公司에서 전기를 보내주고 있다.[184)]

2) '중조우의송유관'

흔히 북-중 관계가 지닌 밀접함을 설명할 때 드는 예 중의 하나가 송유관이다. 단둥시와 신의주시 사이에는 압록강 바닥을 가로질러 중국에서 북한으로 이어진 이른바 '중조우의송유관中朝友谊输油管'이 있다. '중조우의'라는 이름이 말해 주듯이 이 송유관을 통해서 북한으로 수출되는 석유의 가격은 북한의 경제사정에 따라 달라지는 우호가격의 성격을 지닌 것으로 추정되며, 시기와 상황에 따라 규모가 다르겠지만 원조형태의 물량공급도 상당할 것으로 짐작된다.

'중조우의송유관'은 원유 송유관과 가공유 송유관 등 두 개로 이루어져 있다. 먼저 원유 송유관은 관의 직경이 377mm, 설계압력 2.5MPa, 설계 수송량은 연 300만 톤이다. 이 송유관은 중국 최초의 수출 원유관이자, 현재 중국 유일의 수출 원유관으로서 최근에는 매년 52만톤의 송유수출량을 유지하고 있다. 가공유 송유관은 관의 직경이 219mm이다. 이 송유관도 중국 유일의 가공유 수출 송유관이다. 그러나 1981년에 송유가 중단되고 봉인된 상태에서 오늘에 이르고 있다.[185)]

---

183) 이종석. "국경에서 본 북-중 관계와 북한 실태", 《세종정책브리핑》, 2015-15, 성남, 세종연구소, 2015.11 참조.

184) "趟过世纪之河 走进辉煌时代", 《丹东新闻網》, 2006.9.18.

185) "我国输油管道之最", 《中国石油》, 2015.1.26.

한편 두 송유관은 같은 시기에 한 세트로 건설되었으며, 둘 사이의 간격은 1.5m이다. 중국과 북한은 두 송유관 건설을 1973년에 동시에 착수해서 1975년 12월 동시에 완성하여 가동에 들어갔다. 이 송유관들의 유류 저장소와 송유펌프, 계량소등은 석유 제공자인 중국 내에 위치해 있다.

중국에서 북한으로 제공되는 석유는 헤이룽장성黑龙江省의 다칭大庆 유전에서 단둥시의 저유소까지 오일탱크 열차로 수송된다. 그리고 여기서 13km 떨어진 압록강변의 진산완金山湾에 소재한 유류창고로 보내지며, 이곳에서 가압加壓되어 다시 북한으로 보내진다. 이곳 유류창고는 압록강을 건너 신의주 유류창고와 수송 파이프로 연결되어 있다. 두 송유관 모두 전체 길이는 30.3km이다.[186] 신의주에 도착한 수입 원유는 압록강에서약 20km 떨어진 평안북도 피현군에 소재한 봉화화학연합기업소에서 가공되어 휘발유, 등유, 경유 등으로 정제된다.

단둥시 진완산에 소재한 유류창고와 대북 송유 시설

그런데 북한의 핵 개발로 인해 유엔의 대북제재가 강화되면서 최근 몇 년간 이 송유관에 대한 국제사회의 관심이 높아졌다. 국제사회는 이 송유관을 통한 중국의 북한에 대한 석유 제공이 사실상 무상이며, 유엔의 대북제재 국면에서도 지속되고 있다고 중국을 의심한다. 그러다 보니 이 송유관은 대북제재 국면에서 역설적으로 북-중 우호관계를 상징하는 시설로도 비춰진다.

지금까지 이 송유관과 관련한 정보는 비공개되어 왔기 때문에 중국이

186) "我国输油管道之最", 《中国石油》, 2015.1.26.

이를 통해서 어느 정도나 북한을 지원하고 있는지, 유상제공 또는 무상제공인지 등을 정확히 파악하기 어렵다. 다만 중국의 소식통들에 의하면 최소한 연간 50~60만 톤 정도의 석유가 이 송유관을 통해 북한으로 들어간다고 한다. 그 이유는 이 송유관을 무조건 닫을 수 없는 기술적 이유 때문이라고 한다. 관련 전문가들에 의하면 이 송유관은 오랫동안 설계 수송량보다 적은 원유를 간헐적으로 수송하면서 우려할 수준으로 안정성이 저하되어 있다고 한다. 중국의 석유는 이 송유관을 통해서 고온으로 열처리를 하여 북한으로원유열처리 온도 85~90℃, 출발지점 온도 65~70℃, 최종지점 28℃ 보내지는데, 연간 최저 안전 송유량이 50~60만 톤 정도이며, 그 이하로 떨어지면 송유관에 고가의 응고방지제를 주입해야 한다고 한다. 따라서 50~60만 톤 수준에서 추가 감소를 하게 되면 송유관에 문제가 생겨 송유 중단사태가 발생할 수 있어서 추가 감소는 불가능하다는 것이다. 기술적 측면에서 대북송유 완전중단이 불가능하다는 얘기다. 그렇다면 결국 중국이 북한에 대해 자신이 보유하고 있는 '레버리지leverage'의 항구적 상실을 감수하지 않는 한 최소한 연간 50~60만 톤의 대북 송유는 이루어지고 있다고 보는 것이 합리적이다.

제 7 장

주요 국경도시들

제7장

주요 국경도시들

1. 북-중 국경도시의 특징

국경교류의 거점은 국경도시이다. 그러나 압록강과 두만강 주변의 북-중 도시들은 그동안 크게 발달하지 못했다. 역사적으로 볼 때, 조선에서는 국경지방이 가장 외지고 척박한 변방이었으며, 중국의 마지막 봉건 왕조인 청清에서는 이 지역 대부분이 만주족의 발상지로서 외인의 출입이 금지된 봉금지역이었다. 더욱이 청과 조선 사이의 조공질서는 국경에서 자유로운 교역을 허용하지 않았기 때문에 왕조시대 북-중 국경은 교류의 가교보다 차단과 분리의 이미지를 압도적으로 강하게 지녔다. 지형학적으로 볼 때도 압록강과 두만강은 하류 일부를 제외하고는 산악지대를 가로질러 협곡을 이루며 흐르기 때문에 그 연안에 도시를 형성할 지리적 공간 자체가 부족했다. 아마 이러한 점들이 북-중 국경에서 도시 발달을 어렵게 한 요인이었을 것이다.

국경지방에서는 대체로 국경을 사이에 두고 마주보며 양국의 도시가 발달한 곳에서 교류가 활발하다. 그러나 북-중 국경에서는 앞에서 서술한 제약조건들 때문에 그렇지 못했다. 그나마 북-중 국경을 통틀어서 압록강변의 신의주시-단둥丹东시, 만포시-지안集安시, 혜산시-창바이长白현의 도심 정도가 이러한 특징을 지녔다. 두만강 연안에서는 서로 마주보며 성장한 국경도시가 없으며, 양국에서 강변에 인접해서 발전한 도시

자체가 함경북도 회령시와 옌볜조선족자치주의 투먼시 정도다.

그러나 근대 이후 국가 간 교역이 빠르게 증대하면서 국경교류의 중요성이 커지고, 교통의 발달로 인해 국경도시의 개념도 확장되어 국경에서 일정하게 떨어져 있는 도시들도 국경도시로서 활발하게 기능할 수 있게 되었다. 옌볜조선족자치주의 허룽和龙시와 룽징龙井시가 이런 도시들이다. 이 도시들의 도심은 두만강변의 국경통과지점에서 50km 정도 떨어져 있다.

중앙정부가 지방경제 발전을 위해 새롭게 국경 일대를 개발하여 대규모의 국제경제협력도시를 건설하는 경우도 있다. 중국의 훈춘시와 북한의 나선특별시가 이런 경우이다. 이 두 도시는 훈춘시의 취안허圈河와 나선시의 원정리를 잇는 교량과 국경통과지점으로 이어져 있으며 상호 교역·교류를 통해 빠르게 발전하고 있다.

북-중 국경도시들이 최근 주목을 받는 또 다른 이유는 북한 경제정책의 변화 때문이다. 과거 북한이 '자립적 민족경제'라는 모토 아래 폐쇄경제체제를 지향했을 때는 국경도시들의 중요성이 미미했다. 그러나 북한이 2013년 3월 조선노동당 중앙위원회 3월 전원회의를 계기로 공식적으로 경제개방 노선을 취하면서[187] 국경도시들이 새롭게 발전할 수 있는 계기를 맞이하였다. 중국 국무원 역시 최근 국경지방 발전을 위해 28개의 개발개방 중점지구를 선정했는데, 그중에서 북-중 국경에 위치한 도시가 7개나 선정되었다.[188] 북-중 양국의 이러한 정책기조는 향후 북-중 국경에 위치한 도시들이 과거보다 더 활발하게 경제협력을 해 나가리라는 점을 짐작케 해준다.

따라서 여기서는 북-중 국경에 위치한 도시들을 주로 양국 관계의 측면에서 살펴보기로 한다. 살펴볼 대상은 중국 쪽에서는 국무원의 개발

---

187) 김정은. "조선로동당 중앙위원회 2013년 3월 전원회의에서 한 결론" 《로동신문》, 2013.4.2.

188) 国务院. "国务院关于支持沿边重点地区开发开放若干政策措施的意见", 国发[2015] 72号 (2016.1.7.). 이 도시들은 단둥시·훈춘시·투먼시·룽징시·허룽시·린장시·지안시이다.

개방 중점지구로 선정된 단둥시 등 7개 도시와 창바이현이다. 북한 쪽에서는 신의주시와 만포시, 혜산시, 회령시, 나선시를 살펴보고자 한다. 아울러 아직 국경도시로서의 면모를 갖추고 있지는 못했지만 북한의 함경북도 무산군, 함경북도 온성군, 자강도 중강군 등 북-중 교역·교류에서 비교적 중요한 역할을 담당하는 일부 국경 지역도 함께 살펴보기로 한다.[189]

먼저 이 장에서 살펴볼 주요 북-중 국경도시와 지역을 지도 위에 표시하면 아래 그림과 같다.

북-중 주요 국경도시와 지역

189) 이하에서 서술하는 북한의 도시들에 대한 기본 정보는 필자가 현지 답사를 통해 얻은 지식과 더불어 『위키백과, 우리 모두의 백과사전』, (https://ko.wikipedia.org); 『두산백과 doopedia』, (http://www.doopedia. co.kr); 『조선향토대백과』, 서울; (사)평화문제연구소, 2008 등을 참조하였다.

2. 압록강 연안의 주요 도시

□ 단둥시丹東市[190)]

단둥시는 중국 랴오둥 반도의 동남부에 위치한 랴오닝성에 속한 도시이다. 압록강 하류와 황해를 통해 북한의 신의주시와 접해 있다. 단둥시는 광역시로서 그 안에 3개 시와 1개의 자치현즉, 宽甸满族自治县, 2개의 현급 시를 포괄하고 있다. 도시 총면적은 15,222km²(市 구역 면적은 834km²이며 인구는 245만 5천명이다. 주민 다수가 한족이며 소수민족으로는 만주족이 전체 인구의 32%를 차지하고 있다. 최근 조사에 따르면 조선족은 1만 5천 명 정도에 불과한 것으로 알려졌다.[191)]

압록강 변의 단둥시

단둥시는 중국의 국경도시 중 가장 큰 도시이며 제1의 대북한 무역도시이기도 하다. 이 지역은 과거 고구려의 영토였으나, 고구려가 당唐에

190) 단둥시 관련 기본 정보는 "丹东(辽宁省地级市)_百度百科", baike.baidu.com/view/4798.htm(2016년 10월 1일 검색) 참조.

191) 최재헌·김숙진, "중국 조선족 디아스포라의 지리적 해석: 중국 동북3성 조선족 이주를 중심으로", 《대한지리학회지》, 제51권 제1호 2016(167~184) pp. 173~178.

의해 멸망한 후 당이 건립한 안동도호부安東都護府에 속했다. 뒤에 청나라가 1876년에 이곳에 안둥安東현을 설치함으로써 안둥이라는 정식지명이 쓰이게 되었다. 신중국이 성립된 뒤에도 이곳은 1964년까지 안둥이라 불렸으나, 1965년 1월에 중국 국무원의 비준을 거쳐 단둥丹東으로 개명되었다. 앞에서도 설명했듯이 도시 개명 사유는 '안둥安東'이라는 말이 고대 이래 중국의 왕조가 '동쪽 오랑캐를 안정시킨다'는 뜻에서 나왔기 때문인 것으로 추정된다. 중국지도부는 봉건시대의 국가 간 불평등 관계와 패권주의를 상징하고 있는 이 말을 북-중 관계가 고도로 밀접했던 시기를 맞이하여 개명한 것이다. 중국 국무원은 단둥시를 1992년에 '변경경제합작구'로 지정하여 이 도시의 대외개방을 지원하였다.

단둥시는 현재 북-중 교역과 교류의 중심도시다. 중국 제1의 대북교역도시답게 북한 사람들이 가장 많이 진출해 있는 도시이기도 하다. 2016년 말 기준으로 단둥시에 거주하는 북한 인력노무인력 및 무역상 등 포함은 거의 3만 명에 달하는 것으로 알려졌다.[192] 단둥시는 북한 관광을 위한 종합터미널과 같은 역할도 하고 있어서 많은 중국 관광객과 제3국 관광객이 이곳을 통해 육로로 북한관광을 하고 있다.

북한과 중국의 교역은 모두 국경통과지점을 통해 이루어진다. 현재 단둥시에는 북한을 잇는 국경통과지점이 네 군데 있다. 대표적인 곳이 '중조우의교'를 통해 신의주와 연결되는 철도교·인도교 국경통과지점이며 수운 통과지점으로는 평안북도 삭주군 방산리를 잇는 타이핑완 국경통과지점과 신의주항을 잇는 단지부두 그리고 압록강 하구 북한의 비단섬과 중국 영토 사이를 흐르는 좁은 수로水路 변에 위치한 다타이즈大台子국경통과지점 등이 있다.[193] 현재 단둥시와 신의주를 잇는 신압록강대교가 완공단계에 접어들었기 때문에 조만간 국경통과지점이 추가로 신설될 것으로 보인다.

---

192) 이종석. "국경에서 본 북-중 경제교류와 북한 경제 실상" 《정책브리핑》, No. 2016-19, 세종연구소, 2016년 8월 22일.

193) 丹东: 集多种类型口岸于一城 《国际商报第》, 8288期, 2015.7.22. B2(中国商务新闻网, www.comnews.cn) 참조.

한편 단둥시의 북-중 교역과 관련해서 새롭게 주목받는 것이 2016년부터 정식 운영된 중조변민호시무역구中朝边民互市贸易区다. 변경 주민들의 생활개선을 위해 인접국가의 상품을 규정된 금액 혹은 수량 범위 내에서 구매할 수 있는 곳이 호시무역구다. 단둥시는 약 1억 5천만 달러를 투자해서 궈먼완国门湾에 중조변민호시무역구를 설립했는데, 여기서는 단둥시민에 한 해 1인당 매일 8,000위안 이하의 북한 상품을 수입관세와 수입과징금을 면제받고 구매가 가능하다.[194]

단둥시 중조변민호시무역구와 전체 조감도(우측 하단 사진 2016년 8월)

□ 신의주시新義州市

신의주시는 평안북도 서북부에 위치하고 있으며 북-중 국경에 소재한 북한 최대의 도시로서 평안북도의 도청 소재지이다. 북쪽으로 압록강

194) "国门湾中朝边民互市贸易区试运营", 《丹东新闻网》, 2016.6.27.

을 사이에 두고 중국 단둥시와 접해 있으며 압록강이 황해로 유입되면서 하구에 삼각주를 형성하여 신의주평야가 발달하였다. 신의주는 압록강 범람원 위의 사주에 세워진 도시로, 압록강 홍수 때마다 흙탕물이 범람하여 농사조차 불가능한 갈기슭이었다. 그러던 것을 일제시기 시가지 주위에 홍수를 방지하기 위한 제방을 쌓고 다시 그 바깥쪽에 대제방을 축조하여 오늘의 시가지를 이루었다.

신의주시

신의주는 의주義州 안에 새로 생긴 마을이라는 뜻에서 붙여진 이름으로 일제가 경의선 철도를 개설하면서 빠르게 발전한 도시이다. 1906년 경의선京義線이 개통되어 종착역이 되었으며 1911년에 압록강철교가 완공되면서 중요한 국경도시가 되었다. 1914년에는 의주에서 분리되어 신의주부가 되었으며 이후 평안북도 도청 소재지로 지정되고, 1921년에는 도청이 옮겨와 이 지역 행정의 중심지가 되었다. 1945년에 신의주시로 개칭되었다.

2008년 기준으로 신의주의 인구는 35만 9천여 명이며 관할 행정구역은 49개동 9개리이다. 신의주는 일제 시기 압록강 목재의 집산지로서 제재·펄프·제지·성냥 등 목재 관련 공업이 발달했지만 수풍댐이 건설된 후 뗏목의 유하流下가 막히면서 그 기능이 약화됐다. 그러나 이후에도 제지·펄프 공업 등과 함께 화장품, 방직, 일용품 등 경공업이 발전하였다.

신의주는 압록강 건너편의 단둥시를 대상으로 경제교류를 활발히 전개해 온 북한 최대의 무역도시이다. 따라서 신의주는 북한 경제개방의 교두보가 되는 도시이기도 하다. 북한당국은 2002년 9월 북한에 시장경제 도입을 시험하기 위해 신의주시를 포함한 부근 일대를 '신의주특별행정구'로 지정하고 네덜란드 화교 출신의 중국인 사업가 '양빈楊斌'을 행정장관으로 임명하였다. 그러나 곧 그가 탈세 혐의로 중국 당국에 체포2002년 10월 되면서 신의주특구는 개점휴업 상태가 되었다. 이후 북한 당국은 2013년 11월 신의주시 일부 지역을 '특수경제지대'로 지정하였으며, 이어서 2014년 7월에는 이를 확대한 '신의주국제경제지대'의 설치를 결정하였다. 북한이 새로운 경제특구를 '국제경제지대'로 명명한 것은 신의주를 중국, 남한, 동남아, 서방 국가들로부터 자본을 유치하여 유력한 국제경제도시로 발전시키겠다는 구상에서 나온 것으로 보인다.

2016년 1월 북한이 펴낸 '신의주국제경제지대 투자안내서'[195]를 보면, 북한 당국은 이 지대를 "커다란 경제규모와 특징을 가진 최신 정보기술 산업구, 경쟁력이 있는 생산 산업구, 물류구역, 무역 및 금융구역, 공공봉사구역, 관광구역, 보세항구 등이 집중 배치되는 종합적인 경제구로, 세계적인 국제도시로 개발"하겠다는 포부를 밝혔다. 이를 위해 북한 당국은 압록강 강변의 신의주시 중심 38km^{2}의 부지를 국제경제지대로 지정하고 신의주시의 32개동 및 2개리의 부분지구를 이 지대에 포함시켰다. 그리고 이 지대를 산업지역 29%, 주민지역 16%, 도로 및 광장지역

195) "朝鲜民主主义人民共和国新义州国际经济地区投资说明书", www.xici.net(2016.1.19.).

13%, 공공건물지역 11%, 공공이용녹지지역 8% 창고지역 8%, 공영시설지역 2%, 기타지역 11%로 구획하겠다고 밝혔다. 북한당국의 설명에 따르면 신의주국제경제지대의 계획인구는 35만 명인데 현재 지대 내 인구만 해도 24만 4천명에 달한다고 한다.

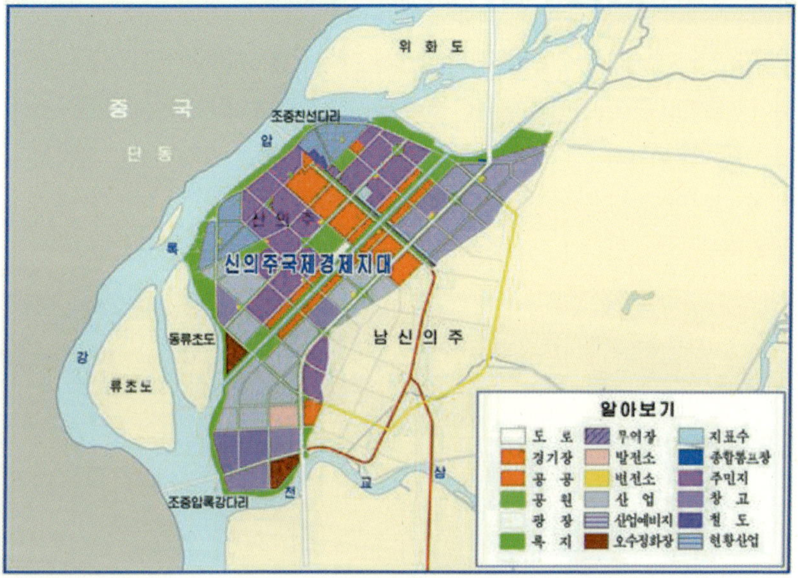

북한이 계획하고 있는 신의주국제경제지대

□ 지안集安[196)]

지안시는 중화인민공화국 지린성吉林省 통화시通化市의 현급縣级 시로서 지린성 동남부, 압록강 중류에 위치하고 있다. 면적은 3,408km², 인구는 2013년 기준으로 21만 8천여 명이다. 시의 민족구성을 보면 대부분이 한족(86.4%)이며 조선족, 만족 등 소수민족은 13.6%에 불과하다.

---

196) 지안시 관련 기본정보는 "集安_百度百科", baike.baidu.com/view/15499.htm (2016.10.1. 검색) 참조.

그러나 소수민족 중 52.2%가 조선족이다.[197] 시에는 향급鄉級 조선족 자치행정 단위로서 량수이조선족자치향凉水朝鲜族自治乡이 있다.

지안시는 옛 고구려의 수도였던 국내성이 있던 곳으로 고구려 유적지로 가득한 곳이다. 청나라가 들어서면서 청은 동만주 일원을 만주족의 발상지를 의미하는 용흥지지龍興之地로 칭하며 봉금지역으로 지정하였는데, 현재의 지안 지역도 여기에 해당됐다. 청나라 말기 봉금이 해제되고 이 지역에 대한 개발이 시작되면서 청은 1902년에 처음으로 이곳에 지안현辑安县을 설치하였다. 신중국 성립 후 1965년 1월에 중국정부는 그 이름을 현재의 집안현集安县으로 개칭하였으며 1988년에는 현급 시로 승격하였다.

지안시 도심, 압록강 건너 산줄기가 북한이며 만포시는 사진 왼쪽 위

지안시는 압록강을 사이에 두고 남동쪽으로 북한의 자강도 자성군, 초산군, 위원군, 만포시 등과 203.5km^{2}에 걸쳐 접해 있는데, 특히 시의 중심 지역은 만포시와 마주하고 있다. 지안시에는 현재 북한과 교류할 수 있는 국경통과지점이 4개 있다. 그중에서 지안시와 만포시를 잇는 철

197) "地图-中国地图- 图吧", map.mapbar.com/a_tonghua_jian_map(2016.10.1 검색) 참조.

도교가 대표적이다. 이밖에도 자강도 위원과 수운을 통해 연결되는 라오후샤오老虎硝 국경통과지점과 운봉댐 상부를 이용해서 북한의 자강도 운봉을 오가는 칭쉬青石 국경통과지점이 있다. 여기에 지안-만포를 잇는 인도교가 2016년에 완공되었다. 지안시는 현재 북한과의 경제협력을 통한 발전을 도모하기 위해 국가급 변경경제합작구 건설을 추진하고 있다.

□ 만포시滿浦市

만포시는 압록강 중류 연안에 있는 북한 도시로 자강도에 속해 있다. 만포시는 원래 평안북도 강계군에 속해 있었으나 1949년에 자강도가 새로 만들어지면서 만포군도 함께 신설되었다. 1967년에 시로 승격하였다.

만포시의 인구는 2008년 기준으로 11만 6천여 명으로 추정된다. 시의 주요 산업은 공업이며 농업도 활발하게 이루어지고 있다. 수력발전에 유리한 지형조건 덕분에 전력사정도 상대적으로 좋은 편이다. 만포시는 자강도의 도청소재지인 강계시와 중국 지린성의 지안, 퉁화 등을 잇는 교통요지로서 지안과는 철도교와 인도교로 연결되어 있다.

압록강변의 만포시 일부, 맞은편이 지안시

북한 당국은 이러한 교통상의 이점과 상대적으로 양호한 전력사정을 활용하기 위하여 2013년 11월 만포시 미타리·포상리를 만포경제개발구로 지정하였다. 이 개발구는 압록강 연안에 위치하며 지안시 중심지역 맞은편에 있다. 이 경제개발구는 중국자본 등 외국자본을 유치하여 현대농업, 관광휴양, 무역 등을 활성화하는 것을 목표로 한다.[198] 지안시 당국도 이러한 북한의 대외경제개방 전략에 호응하여 압록강 건너편의 북한경제개발구 건설에 적극적인 관심을 보이고 있으며[199] 실제로 만포시와 관광·교역 등 다방면에서 협력을 강화하려는 모습을 보이고 있다.

□ 린장시临江市[200]

린장시는 중국 지린성 바이산白山시의 현급 시로서 지린성의 동남부에 위치하며 지안시와 인접해서 압록강 중상류에 위치하고 있다. 면적은 3,008.5km^{2}이고 인구는 2013년 기준으로 21만 6천명이며 대부분이 한족이다. 린장은 원래 지명은 마오얼산猫耳山이었으나, 청 정부가 1902년에 현을 설치하면서 압록강에 접해 있다는 뜻으로 린장临江으로 바꾸었다. 신중국 성립 후 중국정부는 1959년에 린장현을 없애고 대신에 훈장浑江시를 만들었다. 1985년에 현재의 린장시를 중심으로 훈장시 린장구를 설치하였으며, 1992년에는 다시 현으로 복원시켰다. 이어서 1993년 11월에 린장시로 승격시켰다.

린장시는 압록강을 사이에 두고 북한의 자강도 자성군과 중강군, 그리고 양강도 김형직군과 146km에 걸쳐 접해 있다. 특히 시 중심부는 중강군 중강읍과 마주하고 있다. 린장시에는 북한의 중강읍을 연결하는 국경 인도교가 있다.

---

198) "认识朝鲜问答集8(观光与投资)", 《海外网》, 2016.1.25.

199) "集安加快建设我省南部对外开放"桥头堡"", 《吉林省投资促进网》, (来源: 集安市经合局) 2016.8.22.

200) 린장시 관련 기본정보는 "临江(吉林省白山市辖县级市)_百度百科", baike.baidu.com/view/245390.htm(2016.10.1. 검색) 참조.

린장시 도심, 시 앞면이 압록강

□ 중강군中江郡

중강군은 압록강의 중상류가 시작되는 국경지역으로 자강도에 속하며 군 소재지는 압록강 변에 위치한 중강읍옛 중강진이다. 중강읍의 압록강 건너편은 중국의 린장시이며, 인도교로 연결되어 있다. 중강군 전체 인구는 2008년 기준으로 4만 천여 명으로 추정된다.

중강 지역은 원래 평안북도 자성군에 속해 있었으나 1952년에 자강도 자성군에서 분리되어 자강도 중강군이 되었다. 중강읍은 한반도에서 가장 추운 곳 중의 하나로 알려져 있다. 1933년 1월 12일 중강진은 한반도의 관측 사상 최저 기온인 -43.6℃을 기록한 바 있다.

중강군은 린장시와 국경인도교를 통해 교역·교류를 하고 있다. 그러나 중강군의 중심인 중강읍은 신의주, 만포, 혜산 등과 같은 압록강 연안에 있는 다른 도시들과는 비교하기 어려울 정도로 작은 도시다. 더욱이 건너편 린장시도 대북교역의존도가 매우 낮은 도시이다. 따라서 현재까지는 이곳에서의 북-중 교류는 다른 지역에 비해 활발하지 못한 편이다.

압록강 연안의 중강읍

□ 창바이조선족자치현長白, 长白朝鲜族自治县[201]

창바이조선족자치현은 중국 지린성 내 유일한 조선족자치현으로 지린성 동남부의 압록강 상류, 즉 백두산 남쪽 산록에 위치하고 있다. 면적은 2,497.6km^{2}이며, 인구는 2011년말 기준으로 8만 6천여 명이다. 이 중 조선족은 16.3%로 1만 4천여 명이다. 1958년 9월 창바이조선족자치현이 설립되었다.

창바조선족자치현은 압록강을 사이에 두고 하류로부터 북한의 양강도 김형직군, 김정숙군, 삼수군, 혜산시, 보천군, 삼지연군과 260.5km에 걸쳐서 접해 있다. 특히 창바이현의 중심지는 혜산시와 마주하고 있으며 양 도시 간의 교류도 활발한 편이다.

창바이현이 압록강 연안의 다른 지역에 비해 조선족 비율이 월등히 높은 이유는 조선에서 압록강 도강이 용이한 상류에 위치해 있으며, 일

201) 창바이현 관련 기본정보는 "长白朝国族自治县_百度百科", baike.baidu.com/view/252105.htm(2016.10.1. 검색) 참조.

제 시기에 이미 인구 10만이 넘는 도시로 발전한 혜산 등에서 조선인들이 강을 건너 현재의 창바이현 일대를 개척했기 때문이다. 창바이현의 대외교역은 대부분 북한과 이루어진다. 북한경제가 점차 개방됨에 따라 창바이현의 북-중 교역 종사자도 크게 증가하였다. 2015년 가을 기준으로 이 현의 대북무역 종사자가 2,000여명으로 추산되며, 대북 교역업체 83개, 대북 개발·합작·합자 사업 41개, 총투자 7.4억 위안인민폐에 이르는 것으로 알려졌다.[202)]

창바이현 도심(사진 아래 부분), 압록강 건너편은 혜산시(사진 윗부분)

□ 혜산시惠山市

혜산시는 양강도의 도청소재지로 압록강 상류에 위치하며, 압록강을 사이에 두고 중국 창바이현의 중심 도심과 접해 있다. 해발고도가 평균 700m에 달하는 백두산 산록에 자리잡고 있으며, 북한 지역에서 육로로

202) "长白: 积极打造口岸经济", 《中国吉林网》, 2015.11.14.

백두산에 접근할 때 관문이 되는 도시이다. 혜산시의 인구는 2008년 기준으로 19만 2천여 명으로 추정되며, 25개동 4개리를 관할 구역으로 하고 있다.

혜산 지역은 원래 함경남도 갑산군에 속해 있었으나 1942년 4월에 갑산군으로부터 분리해 나와 혜산군이 되었다. 1954년 북한이 행정구역 개편을 통해 양강도를 신설하면서 혜산시로 승격되었으며 양강도의 도청소재지가 되었다. 주요산업은 광업·방직·제지공업이다.

혜산시, 사진 아래 부분의 하천이 압록강, 그 아래가 창바이현

혜산시는 중국의 창바이현과 국경 인도교를 통해 활발한 교역·관광을 전개하고 있다. 이곳에서는 긴 국경선과 고립된 지리적 환경으로 인해 밀무역도 성행한다. 북-중 국경에서 혜산시와 창바이현은 지리적으로 가장 고립된 도시들이라고 할 수 있다. 이런 연유로 두 도시는 경제발전을 위해서는 상호경제협력이 필수적이라는 인식을 강하게 가지고 있다. 북한 당국은 2013년 11월 혜산시 신장리 일대의 삼수호 부근을

혜산경제개발구로 지정하였다. 북한 당국은 외국자본 유치를 통해 이 개발구의 호반지대를 관광위락업과 결합하여 국제서비스 단지로 건설하고 구릉지대에는 현대화된 경공업 기지를 건설하며, 광산기계 및 임업기계를 생산하는 제조기지로 만든다는 계획을 세웠다.[203)]

3. 두만강변의 주요 도시

□ 허룽시和龍, 和龙市[204)]

허룽시는 지린성 옌볜조선족자치주延边朝鲜族自治州에 속하며, 지린성의 동남부, 두만강 상류에 위치해 있다. 면적은 5,068.6km²이고 인구는 2011년 말 기준으로 25만 5천명이며, 이 중 51.5%가 조선족이다. 허룽시는 두만강을 사이에 두고 북한의 양강도 대홍단군과 함경북도 연사군·무산군 등과 164.5km에 걸쳐서 접해 있다.

허룽은 조선 말기부터 우리 민족이 두만강을 건너와 개간한 옌볜옛 간도지방의 한 부분으로 19세기 말 청나라가 이 지역의 봉금을 해제하면서 본격적으로 개발되기 시작하였다. 청은 1910년에 이 지역의 행정단위로 허룽현和龙县을 세웠으며, 중국공산당 정부는 1993년 7월에 허룽현을 현급의 시로 승격하여 오늘에 이르고 있다.

허룽시는 구청리古城里 국경통과지점과 난핑南坪 국경통과지점 등 북한과 통하는 두 개의 교통로를 보유하고 있다. 이 중 백두산 기슭 두만강 상류에 위치한 구청리 국경통과지점은 주로 친인척 방문이나 북한의 백두산 관광 등에 이용되며, 그보다 하류에 위치하여 무산군을 마주하고 있는 난핑 국경통과지점은 북한 무산광산의 자원수입 통로로 이용되고 있다.

---

203) 认识朝鲜问答集8(观光与投资)",《海外网》, 2016.1.25.

204) 허룽시 관련 기본정보는 "和龙_百度百科", baike.baidu.com/view/473243.htm (2016.10.2. 검색) 참조.

허룽시의 대북경제협력은 과거 지리·정치적 요인 등이 겹치면서 활발하지 못했다. 무엇보다도 허룽시와 북한이 접해 있는 국경 연안에는 양국 교류의 거점이 될 만한 이렇다 할 도시가 없었다. 그나마 가장 인구가 많고 교류 잠재력이 높은 곳이 북한의 무산읍과 무산광산이지만 맞은편 중국은 허룽시 중심에서 52km나 떨어진 난핑이라는 오지마을이었다. 그러나 최근 중국은 허룽시 도심에서 이곳까지 연결되는 철도를 부설하고 도로를 확장하는 등 북한과의 경제협력을 위한 기반시설들을 건설해왔다.

허룽시 난핑국경통과지점

특히 2015년 3월 중국 국무원은 난핑 일대에 북한과의 경제협력 확대에 초점을 맞춘 수십억 달러가 투자되는 국가급 허룽변경경제합작구의 설치를 비준하였다. 현재 허룽시는 북한과의 교역 확대와 지린성의 해내외海內外 물류 이동을 위하여 45억 위안약 7억 5천만 달러이 소요되는 난핑-청진 간84km 4차선 고속도로 건설을 계획하고 있다.[205] 이러한 일련의

205) "和龙南坪至朝鲜清津高速公路项目", 《政务公开》, 和龙市人民政府

움직임으로 볼 때 향후 허룽시와 북한과의 교류협력은 크게 증대할 것으로 예상된다.

□ 무산군茂山郡

무산군은 두만강 상류의 무산고원에 위치한 지역으로 함경북도에 속하며, 군 소재지는 무산읍이다. 무산 지역이 군郡이 된 것은 일찍이 1895년 갑오개혁으로 지방 관제를 개편할 때였다. 그로부터 무산군은 1977년 11월 청진직할시에 편입되기도 했으나 1985년에 다시 함경북도에 귀속되었다. 무산시 인구는 2008년 기준으로 12만 3천여 명으로 추정된다.

무산군의 중심지인 무산읍은 두만강 연안에 자리잡고 있으며 맞은편이 중국의 허룽시이다. 무산읍의 두만 하류 방면에 위치한 칠성리에는 허룽시 난핑과 인도교로 연결되는 국경통과지점이 있으며 현재 무산광산의 철이 이곳을 통해 중국으로 수출되고 있다. 칠성리 국경통과지점은 중국에서 청진항으로 진출하는 최단거리 통로이기도 하다.

무산읍내 동쪽을 흐르는 성천수 건너편에는 아시아 최대의 노천 칠광산인 무산광산이 있다. 이곳에는 매장량 약 45억 톤으로 추정되는 철을 채광採鑛하고 정광精鑛하기 위해서 무산광산을 모기업으로 하고 무산지질탐사대, 무산설계사업소, 정머리공장 등 여러 개의 연관기업소들을 망라한 무산광산연합기업소가 있다. 북한은 무산광산에서 청진의 김책제철소까지 정광精鑛가루를 도관導管으로 운송하기 위해 1970년대에 무산-청진 간 98km 구간에 장거리 정광수송관을 부설하여 운영하고 있다. 이 도관을 이용한 수송은 산악지역인 무산과 평야지대에 위치한 청진 사이의 표고차를 이용하여 물과 함께 정광 가루를 수송관을 통해 김책제철소까지 보내는 방법으로 알려졌다.

(2015.05.11.).

무산읍과 무산광산(왼쪽 상단이 노천광산), 사진 하단의 하천이 두만강

□ 룽징龍井, 龙井시[206]

룽징시는 지린성 옌볜조선조족자치주에 속한 현급 시이며, 허룽시에 인접한 두만강 중류에 위치한다. 두만강을 사이에 두고 북한의 함경북도 회령시, 온성군과 142.5km에 걸쳐서 접해 있다. 시의 면적은 2,581km^{2}이고 인구는 2014년 말 기준으로 17만 2천여 명이며 그 중 66.4%가 조선족이다.

룽징시는 원래 1952년 9월 3일 옌볜조선족자치구1955년 12월에 자치주로 변경가 성립할 때 주정부가 소재한 옌지延吉시와 투먼图们시와 함께 옌지延吉현을 구성하고 있었다. 그러나 1953년 5월에 옌지현에서 옌지시가 분리·설립되고, 1965년 4월에는 다시 투먼시가 분리·설립되었다. 따라서 옌지현은 룽징과 그 주변지역으로 축소되었으며, 1983년 4월에 이르러서는 이러한 변화를 반영하여 현 이름도 룽징현으로 바뀌었다. 1988년 5월에 현급 시로 승격하였다.

---

206) 룽징시 관련 기본정보는 "龙井(吉林省延边朝鲜族自治州龙井市)_百度百科", baike. baidu.com/view/263555.htm(2016.10.2. 검색) 참조.

룽징시는 19세기 후반 우리민족이 두만강을 건너 현재의 옌볜인 간도에 왔을 때 가장 먼저 정착한 곳이다. 조선인들이 간도를 개척하기 시작한 것은 대략 1870년 전후한 시기로 알려져 있는데, 이때 조선인들은 두만강 가의 현재 룽징시 지역 일대에 정착하였다. '용정龍井'이라는 지명도 조선인 이민자들이 좀 더 내륙으로 진출하다 1879년 전후해서 발견한 우물에서 기원한 것으로 전해진다.

룽징시는 북한과 통상, 교류를 연결해주는 국경통과지점을 두만강 변의 산허진三合镇과 카이산툰진开山屯镇 등 두 군데 보유하고 있다. 이 가운데 산허 국경통과지점은 회령시 맞은 편에 소재하여 비교적 교역이 활발한 편이다. 카이산툰 국경통과지점은 북한의 온성군 삼봉노동자구 맞은편에 위치하며 주로 친인척 방문과 소규모 교역에 이용되어 왔다.

룽징시의 산허국경통과지점

□ 회령시會寧市

회령시는 두만강 중류에 위치하며 북한에서 두만강 연안에 자리잡은 유일한 시급市級 도시이다. 회령은 산지가 많은 지역이나 두만강 연안에는 비교적 넓은 평야가 전개되어 있는데, 바로 여기에 도시가 형성되어 있다. 시의 인구는 2008년 기준으로 15만 3천여 명으로 추정된다.

함경북도에 속한 회령은 일찍이 1895년에 군이 되었으며, 1991년 함경북도 부령군과 종성군의 일부 지역을 통합하여 시로 격상되었다. 시의 주산업은 농업과 광공업이다.

회령시는 두만강을 사이에 두고 룽징시와 접해 있다. 그러나 시의 두만강 건너편은 산허三合라는 작은 마을로서 룽징시의 도심까지는 50㎞나 떨어져 있으며 그 사이에는 험준한 산이 가로놓여 있다. 따라서 과거에는 교역도시로서의 면모가 미미했다. 그러나 최근 룽징-산허 간 교통이 크게 개선됨으로써 국경 인도교를 통해 북-중 교역·교류가 점차 활발해지고 있다.

회령시, 사진 하단의 하천이 두만강

□ 투먼圖們, 图们시[207)]

투먼시는 지린성 옌볜조선조족자치주에 속한 현급 시로서, 룽징시에 인접해 있으며 두만강 하류 지역에 속한다. 두만강 하류를 사이에 두고 북한의 함경북도 온성군과 60.6km에 걸쳐 접해 있으며 국경 인도교와 철도교가 있는 시 중심부의 맞은편은 온성군 남양노동자구이다. 시의 면적은 1,142.6km^{2}이고 인구는 2012년말 기준으로 12만 3천여 명이며, 그중 53.7%가 조선족이다. 1965년 4월 옌지현의 투먼진图们镇과 왕칭현汪清县의 시쉬엔진石岘镇이 합쳐져서 투먼시가 만들어졌다.

투먼시는 시 중심이 두만강 변에 위치한 유일한 중국의 도시로서 북한과 연결되는 철도 및 인도교 국경통과지점을 모두 보유하고 있다. 따라서 투먼시는 과거부터 조선족 집거지인 옌볜조선족자치주와 함경북도를 잇는 친인척 방문과 교류의 거점이었다. 오늘날에는 훈춘시와 나선시를 잇는 취안허圈河국경통과지점이 지린성 내 최대의 대북교역·왕래의 중심지가 되었지만, 투먼시의 국경통과지점들에서도 점차 북한과의 교역과 왕래가 증가하고 있다.

투먼시 조선공업원 기숙사

207) 투먼시 관련 기본정보는 "图们(吉林省延边朝鲜族自治州图们市)_百度百科", baike. baidu.com/view/481054.htm(2016.10.2. 검색) 참조.

투먼시는 최근 북한의 노동력을 활용한 새로운 북-중 경제협력 사업을 진행해왔다. 투먼시는 2011년 투먼경제개발단지에 북한의 노무인력을 유치해서 생산 활동을 할 조선공업원朝鲜工业园 건설에 나섰으며, 이를 위해 북한의 조선투자합영위원회와 북한노동력 2만 명에 대한 고용계약을 맺었다.[208] 조선공업원에는 2016년 말 기준으로 약 4,000여 명의 북한 노무인력이 생산 활동에 참여하고 있는 것으로 알려졌다.[209]

□ 온성군穩城郡

온성군은 함경북도에 속하며 두만강 중하류에 위치한 한반도 최북단의 군이다. 두만강을 경계로 중국의 룽징시, 투먼시, 훈춘시와 접해 있으며 남양노동자구에는 투먼시와 통하는 인도교와 철도교가 있다. 이밖에 삼봉노동자구에도 룽징시의 카이산툰을 연결하는 인도교가 있다. 이 중 남양-투먼 국경통과지점은 나선시와 훈춘시를 연결하는 취안허-원정리 국경통과지점의 통상이 빠르게 증가하기 전인 1990년대까지만 해도 두만강 쪽에서 가장 큰 교역·교류 국경통과지점이었다.

온성읍, 전면은 두만강과 량수이(涼水) 단교, 후면 흙더미는 석탄 버럭

208) "图们全力推动中国(图们)朝鲜工业园发展", 《中国投资指南》, 2013.12.30.
209) 이종석, "국경에서 본 북-중 경제교류와 북한 경제 실상".

온성군의 인구는 2008년 기준으로 12만 7천여 명으로 추정된다. 온성 지역이 행정단위로서 온성군이 된 것은 1895년이었다. 그 후 여러 차례 부분적인 행정구역 변화를 거치면서 오늘에 이르렀는데, 현재 관할 구역은 군청 소재지인 온성읍을 비롯하여 10개의 구와 15개의 리이다.

온성군의 대표적인 산업은 석탄갈탄 채굴업이다. 일제 강점기 작고 변변치 못한 농촌지대였던 온성이 유명해진 것은 남양과 훈융현재는 경원군 소재 두 곳에서 대륙을 연결하는 국제철도가 개통된 것과 함께 이곳에서 갈탄광이 개발되었기 때문이다.

최근 북한은 투먼시와 공동으로 온성읍 앞 두만강에 위치한 온성섬을 개발할 계획을 세웠다. 투먼시와 조선합영투자위원회는 2012년 5월 온성섬을 공동개발하기로 합의하였다. 이에 따라 북한은 2013년 11월 온성섬을 온성섬관광개발구로 지정하였다. 북한의 계획은 이곳을 향후 골프장, 수영장, 승마장, 민족풍취의 식당 등 각종 서비스 시설을 갖춘 외국인 전문 휴양관광서비스단지로 발전시키겠다는 것이다.[210]

북한의 온성섬관광개발구 지정에 호응하여 중국의 투먼시는 역시 온성섬과 접해 있는 두만강의 중국 섬들과 온성섬을 하나로 묶는 북-중초국경문화관광합작구跨境文化旅游合作区를 건설하겠다는 계획을 세웠다. 투먼시 정부는 2020년까지 50억 위안(약 8억 달러)을 투자해서 이 합작구를 완성시키겠다는 계획을 입안한 것으로 알려졌다.[211]

□ 훈춘珲春시[212]

훈춘시는 옌볜조선족자치주에 속한 현급 시로서 지린성 최동단最東端 두만강 하류에 위치해 있다. 면적은 5,145km²이고 인구는 2015년 말 기준으로 22만 7천여 명이다. 인구의 민족구성비는 한족 53.3%, 조선족

210) "认识朝鲜问答集8(观光与投资)", 《海外网》, 2016.1.25.

211) "吉林筹建中朝图们—稳城跨境文化旅游合作区", 《中国新闻网》, 2015.4.23.

212) 훈춘시 관련 기본정보는 "珲春_百度百科", baike.baidu.com/view/53731.htm 참조(2016.10.2. 검색).

36.5%, 만족 9.6% 등이다.

훈춘은 북한 및 러시아와 국경을 접한 도시로서 북한과는 두만강을 사이에 두고 함경북도 경원군, 경흥군, 그리고 나선시와 139.5km에 걸쳐서 접해 있다. 러시아 하산지구와도 육상 경계로 246km에 걸쳐 접해 있다. 북·중·러 3국의 국경이 두만강에서 교차하는 지점은 3개국의 국경수역 경계선이 강 중심선과 교차되는 곳으로 정확한 위치는 북위 42° 25′ 4.7″ 동경 130° 38′ 11.9″이다.[213] 이 국경 교차점은 북한의 나선시 두만강리와 중국의 훈춘시 팡촨防川, 러시아의 하싼 앞을 흐르는 두만강의 한가운데에 있다.

북-중-러 삼국 국경이 교차하는 두만강 하류 팡촨
* 두만강 우안이 북한, 좌안이 러시아, 촬영장소는 중국 팡촨

213) '中华人民共和国政府, 朝鲜民主主义人民共和国政府和俄罗斯联邦政府关于图们江中华人民共和国, 朝鲜民主主义人民共和國和俄罗斯联邦国界交界点的叙述议定书'(2002.6.20. 체결, 2003.3.29. 발효), 『北·中 간 국경업무 조약집』, (국가정보원, 2006).

청나라는 1689년 러시아와의 네르친스크조약을 통해 연해주 일대의 영토를 확보함으로써 동해에 연한 국가가 되었다. 그러나 1860년 베이징조약을 통해 청은 연해주 일대 약 60여 만km²의 땅을 러시아에 할양함으로써 동해와 연한 영토를 전부 상실하게 되었다. 현재 동해에서 가장 가까운 중국 영토는 조·중·러 삼각 교차점의 두만강 북안北岸에 위치한 팡촨인데, 이곳은 두만강과 동해가 만나는 해상 분계에서 약 15㎞ 정도 떨어져 있다.

한편 훈춘 지역이 현이 된 것은 1912년 청의 몰락으로 등장한 중화민국정부 시대였다. 훈춘현은 1952년 옌볜조선족자치구가 성립하면서 그 관할로 편제되었다. 1988년 6월에 현급의 시로 승격되었으며 1991년에 국가급 대외개방 도시가 되었다. 훈춘시는 국경도시라는 지리적 이점을 살려서 일찍이 대외개방을 통한 경제발전을 모색하였다. 그 결과 1988년에 성급 경제개발구를 건립했으며, 1992년에는 국무원이 지정한 국가급 변경경제합작구를 건설하게 되었다. 이후 훈춘시는 지린성의 대외경제개방 창구로서 발전해왔다.

오늘날 훈춘시는 항구가 없는 내륙성内陸省인 지린성이 동해를 통해 아시아 태평양으로 진출하기 위한 전진기지이자 대외개방 창구로 발전하고 있다. 특히 훈춘시는 북한의 나진항 및 러시아의 자루비노항 등과 물류연계망을 구축함으로써 지린성 정부가 내세운 차항출해借港出海 전략의 교두보 역할을 하고 있다.

오늘날 중국정부는 훈춘시와 북한의 경제무역지대가 있는 나선시, 그리고 러시아의 하산 지구를 묶는 3국 경제협력망 구축에 많은 힘을 기울이고 있다. 특히 훈춘시와 나선시의 경제관계는 나선경제무역지대가 북-중 공동개발·공동관리 하에 있기 때문에 일반적인 국가 간 경제협력관계와 다른 특수성을 보이며 비교적 빠른 속도로 발전하고 있다.

현재 훈춘시는 나선시를 잇는 취안허-원정리 간 기존의 왕복 2차선 인도교로는 늘어나는 물동량을 소화하기 어렵다고 판단하고 추가로 4차선 교량을 건설하여 2016년 말에 완공하였다. 이밖에도 훈춘시에는 시내에서 11km 떨어진 두만강 변에 북한의 경원군을 잇는 샤퉈즈沙坨子 국경통과지점이 있다. 이곳은 과거 친인척 방문 때 주로 사용했으나 최근 북한이 이 부근을 경원경제개발구로 지정하면서 교역 및 관광 국경통과지점으로 발전하기 시작했다.

□ 나선특별시羅先特別市

나선특별시는이하 나선시는 북한 중앙정부가 직접 관할하는 개방형 경제무역도시이다. 나선은 '특별시'라는 행정단위가 말해주듯이 북한이 매우 중요시하는 도시로서 북한 당국은 이 도시를 북한 대외개방의 첨병으로 발전시켜 왔다.

두만강 하류와 동해안을 끼고 있는 나선시의 국경선 길이는 64㎞이며,[214] 두만강을 사이에 두고 중국의 훈춘시 및 러시아의 하싼지구와 마주하고 있다. 두만강 하구 연안과 해안에는 서번포西藩浦를 비롯하여 동번포·만포·흑지·소호·용수 등의 자연호수들이 있다. 54km에 달하는 나선시의 해안선은 반도半島와 갑岬, 만灣들이 잘 발달하여 동해안 최고의 천혜의 항구로 손꼽히는 나진항을 비롯해서 웅상항, 선봉항 등을 품고 있다. 나진시의 면적은 746km²이며 인구는 2008년 기준으로 19만 6천여 명으로 추정된다.

나선 지역은 원래 함경북도 경원군에 속했으며, 일제시대에는 이곳에 나진과 웅기라는 두 개의 해안마을이 있었다. 이 중 나진은 어촌이었으며 웅기는 국경을 지키는 부대가 주둔하는 작은 항구였다. 그러나 일제는 1932년 괴뢰만주국을 세우면서 이 지역을 만주와 일본을 연결하는 통로이자 연해주 주둔 소련군과 대치하는 군사요충지로 삼고자 항만을 본격 개발하기 시작했다.

나진은 1949년에 주변 지역들을 통합하여 나진군이 되었으며 웅기는 1952년에 경흥군에서 분리해 나와 웅기군이 되었다. 나진군은 1967년 나진시로 승격하였다. 웅기군은 1981년 선봉군으로 이름이 바뀌었다. 웅

214) "罗先_百度百科", baike.baidu.com/view/750168.htm(2016.10.2. 검색).

기군의 개명은 김일성이 이끌던 항일유격대의 활동과 관련되어 있다. 1945년 8월 8일 소련군은 대일 선전포고와 함께 만주 전역과 조선 북부 지방으로 진격하였다. 이때 1940년을 전후하여 만주에서 철수하여 소련에 망명 중이던 조선인 항일유격대원 일부가 소련군 정찰조와 함께 웅기로 들어왔다. 북한은 이를 기념하여 1981년 10월 웅기군을 선봉군으로 개칭하였다.

북한은 이 지역의 개방을 결정한 뒤 1993년 9월 나진선봉시를 설치하고 그 산하에 나진시와 선봉군을 두었다. 이와 함께 중국 훈춘시와 통상을 강화하기 위해 훈춘시의 취안허 국경통과지점의 건너편인 원정리를 포함한 경흥군 일부를 나진선봉시로 편입시켰다. 2000년 8월 나진선봉시는 그 중요성을 인정받아 도급道級인 나선직할시로 승격되었다. 북한 당국은 2004년 1월 나선직할시를 함경북도 나선특급시로 바꾸었다. 그리고 2010년 1월 4일 다시 중앙정부 관할의 도급 특별시로 승격하였다.

나선시 나진항, 2014년

나선시는 북한에서 시장경제를 가장 적극적으로 받아들인 도시이다. 사회주의시장경제가 붕괴되는 1980년대 말부터 중국과 러시아, 북한은 3개국이 공유하는 두만강 삼각주를 국제무역지대로 만들자는 데 공감대를 이루었다. 그 결과 북한은 1991년 12월 함북 나진-선봉지역 621km²를 '자유경제무역지대'로 설정하였다. 뒤에 북한은 이 특구의 명칭에서 '자유'를 빼고 '나선경제무역지대'로 변경하였다. 현재 나선경제무역지대의 면적은 약 470km²이다.

나선시는 중국 지린성이 전략적으로 매우 중시하는 외국도시이다. 항구가 없는 지린성은 '차항출해' 전략의 핵심 항구로 나진항을 꼽아왔으며, 같은 맥락에서 훈춘시와 나선시를 공동개발하는 데 큰 관심을 가져왔다. 이러한 상황에서 2010년 5월 북한의 김정일 국방위원장이 중국을 방문하여 후진타오 주석과 양국이 공동개발·공동관리하는 나선경제무역지대와 황금평·위화도 경제지대를 만들자는 데 합의하였다. 이에 따라 양국은 2010년 11월 평양에서 나선경제무역지대 및 황금평·위화도 경제지대의 공동개발·공동관리에 관한 합의서를 체결하였다. 이어서 2012년 8월 나선경제무역지대 공동관리위원회와 황금평·위화도 경제지대 공동관리위원회의 성립을 선포했으며 이 위원회의 성립과 운영에 관한 합의서 및 경제기술합작 협정에 서명하였다.[215)]

북-중 양국은 2012년 10월에 조중나선경제무역지대朝中罗先经贸区 공동관리위원회를 출범시켰다. '조선의 센젠深圳 특구를 만들겠다'[216)]는 포부를 가지고 출범한 이 공동관리위원회는 2015년부터 공식업무를 개시하였다. 현재 조중공동관리위원회는 양국이 각각 1인씩 내세운 두 명의 공동위원장의 공동책임 아래 운영되고 있다.

---

215) "中朝经济区大事记", 《经济网》, 2012.11.26.(원문은 『中国经济周刊』, 2012年 第46期).

216) 中朝罗先经济贸易区_百度百科", baike.baidu.com(2016.10.3. 검색).

제 8 장

북-중 국경의 현재와 미래

제8장

북-중 국경의 현재와 미래

1. 북-중 국경의 모습: 빛과 그림자

북한의 핵실험과 그에 대한 국제사회의 대북제재가 교차하면서 한반도 긴장이 일상이 된 오늘날, 일반적인 예상과 달리 북-중 국경은 과거와 큰 차이 없이 평온을 유지하고 있다. 북-중 갈등설이 빈번히 언론에 등장하고 북-중 국경을 넘는 탈북사 관련 소식이 하루가 멀다 하고 들려오기 때문에 일반인들은 긴장과 대치의 기운이 감도는 국경을 쉽게 연상하지만 막상 북-중 국경 현장은 무덤덤해 보이기까지 하다.

실제로 북한 체제가 극도로 심각한 경제난을 겪으며 수많은 북한사람들이 생존을 위해 북-중 국경을 넘었던 1990년대 중반부터 최근까지 국경의 변화를 살펴보면, 사람들의 표정이나 옷차림, 교역량이나 품목 등은 많이 달라졌지만 긴장이 느껴지지 않는 국경의 모습은 예나 지금이나 큰 차이가 없다. 다만 2000년대 초 이전에는 볼 수 없었던 철조망이 국경 대부분에 양국의 강변을 따라 설치된 게 눈에 띄게 달라진 점이다. 중국 쪽이 먼저 철조망을 설치했고, 북한 쪽은 강폭이 좁아지는 압록강 중상류와 두만강 연안을 중심으로 2015년 경부터 설치하기 시작했다. 양국 모두 강변 마을에는 주민들이 강을 이용할 수 있도록 강변 통로를 개방해 놓았다. 이처럼 철조망을 설치한 이유는 탈북, 밀수, 외부잠입 등 이른바 '불법 월경행위'에 대한 차단이 주요 목적인 것으로 추정된다. 그렇기 때문에 이런 철조망이 국경의 경계가 좀 더 엄격해졌다는 것을 의미하기는 하지만 양국 관계의 긴장을 상징한다거나 국경의 안정을 교란시키는 것으로 보이지는 않는다.

중국유람선에 손을 흔드는 북한군인(평북)

철조망 설치 작업(양강도)

오늘날 북-중 국경은 과거의 한적함에서 벗어나 점점 북적거림이 커지고 있다. 무엇보다도 중국정부가 급증하는 내국인 관광수요를 충족하기 위해 압록강과 두만강 유역 곳곳을 관광명소로 개발하고, 심지어 중국기업들이 도처에서 국경을 넘어 북한의 국경 주변 명소에 대한 관광을 추진하다 보니 국경 일대가 북적거리기 시작했다. 비교적 교통이 편리하고 관광기반시설이 웬만큼 갖추어진 압록강 연안은 거의 예외 없이 선상 유람이 가능한 관광지로 변모하고 있다. 압록강에 비해 관광개발 여건이 낙후한 두만강에서도 교통이 편리하고 강폭이 넓어지는 중하류부터는 곳곳이 관광지로 개발되고 있다. 이 지역에서는 중국 측의 주도 아래 두만강의 북한 섬을 양국이 공동 개발하는 프로젝트도 추진되고 있다. 북한을 기준으로 본다면 이러한 북-중 교류는 김정은 정권이 들어선 뒤 크게 활발해지고 있다.

북-중 국경에서 이루어지는 교역량도 2010년대 들어서면서 과거보다 두 배 이상 늘었다. 양국의 국경통과지점을 거치는 인원이 북한을 찾는 중국관광객과 중국을 찾는 북한의 노무인력, 그리고 양국의 무역상 등을 합쳐 연간 수십만 명에 이른다. 국경 곳곳에서 신규 교량 건설이나 댐 건설 공사가 진행되고 있으며 양국 연안 도처에서 골재 채취가 이루어지고 있다. 이러한 북-중 교류·협력의 새로운 추세를 반영이나 하듯이 2010년 이후 양국 국경통과지점을 관리하는 건물들이 곳곳에서 신축·확장되고 있다. 주목할 점은 북한의 변화다. 북한에서는 중국과 달리 세관을 비롯해서 국경통과지점에 있는 건물에 대한 신축이 지난 수십 년 동안 거의 없었다. 그러나 2010년 이후 많은 곳에서 낡은 건물을 철거하고 새로운 국경통과시설을 건축하고 있다.

신축된 회령시 국경통과지점 세관

신축된 혜산시 국경통과지점 세관

그런데 북-중 국경 일대가 개방을 넘어서 관광지로 개발되고 있는 상황에서 최근 국경 일부 구간에서 한국인 관광객의 출입이 오히려 어려워졌다. 중국 국경수비대의 외국 관광객에 대한 검색과 통제가 과거보다 심해진 것이다. 이는 중국정부가 국경에서 북한을 들여다보는 한국인들에 대한 북한의 불만을 고려한 조치일 수도 있고, 탈북자와 일부 한국인들의 연관성에 대한 의심의 결과일 수도 있다. 혹은 일부 한국언론이 유엔 대북제재 아래서 진행되는 북-중 경협 현장을 파헤쳐 부정적인 보도를 하는 것에 대한 예방적 조치일 수도 있다. 그러나 어느 경우이든 국경을 관광지화하면서도 한국인 관광객에게는 통제를 강화한다는 것은 모순이며 우리에게는 씁쓸한 일이다.

한편 대부분의 압록강과 두만강 연안은 원래 수려했다. 특히 북한 쪽 강변이 매우 아름다웠다. 강 가운데로 뗏목이 내려가는 모습을 더하면 한 폭의 풍경화가 따로 없었다.

부분적으로 남아 있는 압록강변의 수려한 단풍, 양강도, 2015년

두만강 상류, 백두고원 들머리, 2012년

압록강 뗏목, 양강도-창바이현, 2012년

그러나 지금은 사정이 달라졌다. 아직도 천연의 아름다움을 지닌 곳이 더러 있지만 다음의 몇 가지 요인이 겹치면서 많이 훼손되었다.

뗏목을 만드는 북한 사람들, 양강도, 2016년

첫째, 압록강과 두만강 연안의 풍경을 변화시킨 가장 큰 주범은 북한의 '뙈기밭'이다. 뙈기밭은 북한에 심각한 식량난이 불어닥친 1990년대 중반부터 본격적으로 형성되기 시작해서 강변의 풍경을 삶에 대한 비장한 투쟁현장으로 바꾸어 놓았다. 북한 사람들은 살아남기 위해서 목숨을 걸고 깎아지른 산비탈을 개간하여 뙈기밭을 만들었다.

요즈음은 상황이 조금씩 호전되어 뙈기밭 확장 추세가 꺾였으며, 일부 지역에서는 뚜렷하게 감소 경향을 보이기도 한다. 북한이 식량난 고비를 넘기면서 주민들의 뙈기밭에 대한 수요가 줄어들기 시작했으며 북한 당국도 산림복원 정책을 강도 높게 추진하고 있는 것으로 보인다. 특히 산림복원작업은 김정은의 특별지시로 이루어지고 있다. 김정은은 2015년 2월 "지금은 나라의 산림이 영원히 황폐화되는가 아니면 다시 추서는가 하는 갈림길에 놓여 있다"며 "10년 내 산림녹화를 완성하라"는 과제를 제시하였다.[217] 이를 계기로 압록강, 두만강변의 뙈기밭들이 임야

217) 김정은. "전당, 전군, 전민이 산림복구전투를 힘있게 벌려 조국의 산들에 푸른 숲이 우거지게 하자", (당, 군대, 국가경제 책임일군들과 한 담화. 2015.2.26.) 평양, 조

로 복원되는 속도가 빨라졌다. 지금은 곳곳에서 단순히 경작 중단이 아니라 조림이 추진되고 있는 모습도 볼 수 있다.

1990년대 말-2000년대 초 뙈기밭, 양강도

일부 조림현상이 혼재하는 최근 뙈기밭, 자강도, 2016년

선로동당출판사, 2015.

둘째, 압록강과 두만강이 여기저기서 보기 흉하게 파헤쳐지고 있다. 중국의 경제성장에 이어 북한경제도 성장 추세로 돌아서면서 양국이 건설 수요를 감당하기 위해 압록강변 곳곳에서 골재 채취를 하고 있다. 두만강의 무산 하류 일대에서는 자철광분磁鐵光粉을 채취하기 위해 강을 황폐화시켰다.

압록강 하류의 골재채취, 2015년

훼손되는 북한 오지(김형직읍) 압록강변, 2015년

두만강변의 자철광분 채취와 황폐화된 강변, 2014년

셋째, 두만강이 심각하게 오염되었으며 압록강도 점차 오염되어 가고 있다. 두만강은 무산광산 등에서 오폐수가 그대로 배출되고 때때로 양강도 대홍단군 등에서도 오염수가 그대로 흘러나와 상류부터 오염이 심각한 상태다. 압록강은 두만강보다는 덜하지만 혜산동광 등 북한의 광산에서 오폐수가 그대로 흘러나와 하천환경이 악화되고 있다. 무엇보다 북한 광산들의 오폐수 정제시설 설치와 두만강에서의 자철광분 채취를 중단하는 것이 시급해 보인다.

오염된 두만강 물: 왼쪽은 무산 하류, 오른쪽은 대홍단 부근, 2015년

2. 국경에서의 북-중 경제협력 현황

1) 초라한 북-중 국경교역의 역사

역사적으로 볼 때, 북-중 국경은 경제협력의 가교로서 그다지 큰 역할을 하지 못했다. 냉전시대 북한과 중국은 대외적으로 공고한 동맹을 과시했으나, 북-중 국경은 그에 걸맞는 기능을 하지 못했다. 이념과 안보 분야의 전략적 이익 교환 위에 형성된 북-중 동맹 관계에서 경제협력은 부차적인 요소에 불과했다. 그나마 경제교류도 국경을 중심으로 한 상업적 교역보다는 중국의 북한에 대한 일방적인 지원이 주를 이루었다. 2010년 이전까지 북-중 국경에서 단 하나의 교량도 새로 건설되지 않았다는 사실이 양국이 국경을 주로 안보적 관점에서 바라보았다는 것을 단적으로 말해준다. 냉전 이후에도 2010년경까지 북-중 경제관계는 호혜적인 유기적 연계성을 지니지 못한 상태에서 단발적인 교역이 주를 이루었다. 그나마 정치관계의 종속적 위치에서 벗어나지 못했다. 사정이 이렇다 보니 중국의 '문화대혁명' 시기에는 양국 관계가 악화되면서 꽤 오랜 기간 동안 북-중 국경무역이 중단되기도 했다. 1960년대 후반에는 아예 양국 간 국경통과지점이 폐쇄되기도 했다. 북-중 국경무역도 공식적으로 1970년 9월부터 1981년 9월까지 중단된 적도 있었다. 이 시기 압록강에서 평안북도와 랴오닝성辽宁省이 교역을 다시 시작한 것은 1982년부터였다.[218)]

이런 시절에 비하면 오늘날 북-중 경제협력은 다양한 형태로 발전하고 있다. 외부의 눈으로 볼 때 양국 경제협력의 규모는 아직 매우 작고 그 질도 내세울만하지 못하다. 그러나 북-중 국경교역의 역사 속에서 볼 때 오늘날 북-중 경제협력은 규모도 커지고 질적인 측면에서도 달라졌다. 무엇보다도 단발적인 협력이 아니라 상호 이익 추구와 유기적 연계

---

218) 中朝边境存多年灰色民间贸易 政治气候影响生意, http://www.sina.com.cn 2010年 06月 17日 11:43. 中国新闻周刊, 2010022期.

의 강화를 통해 확대·발전이 가능한 방향으로 나아가고 있다는 점이 눈에 띈다.

2) 북-중 경제협력 활성화와 그 배경

오늘날 북-중 국경에서는 과거에 비해 경제협력과 교류가 비교적 활발하게 진행되고 있다. 이 교류협력을 주도하는 주체는 지방정부이다. 북한과 국경을 접한 중국 지방정부들은 '135계획'13차 5개년 계획, 2016~2020년을 세우면서 그 안에 자신의 경제발전을 위해 북한과의 다양한 경제협력을 계획했다. 북한도 2016년부터 시작된 '국가경제발전 5개년 전략'에서 대외경제의 확대·발전을 중요한 전략으로 삼았다. 이러한 현상은 북-중 국경에서 경제협력과 교류가 지속적으로 확대될 것이라는 전망을 낳게 한다.

북-중 경제협력은 2009~2010년 사이에 열린 일련의 북-중 정상회담을 계기로 활성화되었다. 2009년 10월 중국의 원자바오温家宝 총리가 양국 수교 60주년을 기념하기 위해 평양을 방문하여 김정일 국방위원장과 회담했는데, 이때 북한과 중국은 '경제기술 협조에 관한 협정'과 '경제원조에 관한 교환문서'들을 비롯하여 교육, 소프트웨어 산업, 관광 등 제반 교류를 활성화하기 위한 일련의 협정들을 맺었다.[219] 탈냉전 이후 양국이 맺은 가장 광범위한 경제협력 합의였다.[220]

2010년에는 김정일 국방위원장이 두 차례에 걸쳐 중국을 방문하여 경제발전 지역들을 시찰했으며, 이 과정에서 후진타오胡锦涛 중국 국가주석과 새로운 방식의 경제협력에 합의하였다. 2010년 5월 후진타오 주석은 김정일 국방위원장에게 양국 경제 협력을 증대하기 위해 두 정부의 관련 기관들이 그 방법을 토론하고 탐구하자고 제안하였으며 김정일 위

219) 『조선중앙통신』, (평양), 2010년 10월 4일.
220) 이종석. "북-중 경제협력의 심화: 특징과 함의", 『정세와 정책』, 2011년 7월호(통권 183호), 8쪽.

원장도 이에 동의하였다. 김정일 국방위원장은 3개월 후인 8월에 재차 중국을 방문하여 지린성과 헤이룽장성黑龍江省의 여러 도시를 시찰하고 후진타오 주석과 창춘長春에서 북-중 정상회담을 가졌다. 이러한 과정을 거쳐서 양국은 나선시와 황금평·위화도 지역에 북-중 공동개발, 공동관리의 경제특구를 만들기로 합의하였다.[221]

이처럼 김정일은 일련의 중국 방문을 통해 중국의 산업지역을 시찰하고 중국지도부와 획기적인 경제협력에 합의하였다. 뿐만 아니라 그는 자신의 죽음을 7개월 앞둔 2011년 5월 경제개방 결심을 내외에 분명히 하려는 듯, 다시 5천km에 달하는 장거리 중국 산업시찰 여행을 하였다. 이때 그는 북·중 경제협력 현장인 지린성 투먼圖們을 통해 국경을 넘어 9개월 전에 방문했던 헤이룽장성과 지린성의 도시들을 다시 시찰하고 중국 중부의 난징南京과 양조우楊洲를 방문하였다. 이러한 그의 행동은 후계자 김정은에게 넘겨줄 국가생존전략이 중국식 개방임을 분명히 하는 한편, 북한 지도부와 주민, 그리고 중국지도부에게 자신의 분명한 의지를 보여주려 한 것으로 해석된다.[222]

이처럼 북-중 지도부의 경제협력에 대한 합의와 김정일의 개방의지가 유언처럼 작용하면서 2010년 이후 북-중 경협은 유엔 안보리의 대북제재 국면에서도 비교적 빠른 속도로 폭을 넓히며 발전해 왔다.

그렇다면 중국은 북-중 국경협력에 왜 과거보다 더 많은 관심을 보이게 된 것일까? 그 배경은 다음과 같이 추정된다.

첫째, 중국 중앙정부가 최근 변경지구의 경제발전에 큰 관심을 갖게 된 점이 영향을 미친 것으로 보인다. 중국정부는 개혁개방 이후 상대적으로 고속성장의 사각지대에 놓였던 변경 지방을 발전시키고자 중앙정부 차원에서 적극적인 발전전략을 제시하고 지방정부들을 지원하기 시

---

221) "Top leaders of China, hold talks in Beijing", 『China Daily』, (Beijing), May 7, 2010.; "中朝罗先经济贸易区_百度百科", baike.baidu.com/subview/9673473/9792173. htm(2016.10.14. 검색).

222) "Kim's visit promotes economic relations", 『China Daily』, (Beijing), May 30, 2011.

작했다. 그리고 그 일환으로 국경의 지방정부에 호시무역구 건설과 초국경관광합작구跨境旅游合作区 설립을 권고하고 국외境外 협력사업을 장려하는 등 인접국과의 경제협력을 적극 강조하였다.[223]

이러한 중국 중앙정부의 정책의지가 북-중 경협 증대에도 영향을 미쳤다. 사실 북-중 국경은 중국의 국경지방 중 상대적으로 매우 안정된 곳이며 국가 간 경제협력 시너지효과도 매우 높을 것으로 예상되는 지역이다. 다만 그동안 북한의 핵 실험으로 인한 유엔의 대북제재가 중국정부 차원의 경제협력 속도를 조절해왔다. 그러나 중국정부의 보편적인 변경지구발전 정책이 북-중 국경지역만 일방적으로 예외로 하기에는 이 지역의 경제형편이 열악한 상황이다.

둘째, 중국 지방정부와 민간기업의 대북경제협력에 대한 필요성이 커졌다. 최근 중국의 경제발전 과정에서 변방의 발전 지체현상이 두드러지고 있으며 과거 중화학공업기지였던 동북3성도 예외가 아니다. 이에 동북3성은 경제적 저성장 탈피를 위해 적극적인 대외경제협력을 추구하고 있다.

이 과정에서 제시된 지린성 정부의 '차항출해借港出海' 전략도 북한과의 협력을 촉진시키고 있다. 현재 지린성은 바다가 없는 지리적 약점을 보완하고자 '북한, 러시아를 통한 국제통로를 적극 건설해 나가자'는 차항출해 전략을 내세우고 있다. 그런데 이 전략의 주요 대상이 되는 항구가 일부 러시아 항구와 함께 나진항·청진항·김책항 등 북한 항구들이다. 지린성 정부는 차항출해를 위해 관내 도시들과 이 항구들을 연결하기 위해 장·단기적으로 투먼-나진, 투먼-온성-청진, 룽징-카이산툰-삼봉리-청진, 난핑-무산-청진, 창바이-혜산-김책 등의 육로 통로를 개척하겠다는 계획을 세웠다.[224]

한편 북-중 경제협력을 촉진하는 요인은 중국 쪽에만 있는 것이 아니

---

223) 国务院. "国务院关于支持沿边重点地区开发开放若干政策措施的意见" 国发, (2015), 72号, (2016.1.7.).

224) 吉林省人民政府. "吉林省人民政府关于印发吉林省东部绿色转型发展区总体规划的通知" 吉政发, (2015) 11号. 2015.2.16.

다. 북한 쪽 요인도 무시할 수 없다. 무엇보다도 북한 지도자 김정은의 경제개방 의지가 상당해보인다. 김정은은 2013년 3월 조선노동당 중앙위원회 3월 전원회의에서 경제개방전략을 공식화하고[225] 이후 개방정책을 본격적으로 주도하였다. 현재 북한의 대외경제 발전전략의 추진 근거는 대부분 김정은 교시로부터 나오고 있다. 북한의 경제학자들이 논문을 쓸 때 첫머리에 경제개방의 필요성을 합리화하기 위해 인용하는 김정은의 교시는 다음과 같은 것들이다.

- "대외경제관계를 다각적으로 발전시키며 원산-금강산 국제관광지대를 비롯한 경제개발구 개발사업을 적극 밀고 나가야 합니다."[226]
- "기업체들은 무역과 합영, 합작권을 가지고 가능한 범위에서 대외경제활동을 능동적으로 벌려 필요한 원료, 자재, 설비들을 자체로 해결하면서 설비와 생산기술공정의 현대화를 적극 실현하여야 합니다."[227]

김정은의 경제개방 의지를 관철하기 위해서 북한의 당과 내각은 개방정책을 본격 추진하고 있다. 조선노동당은 7차 당대회2016년 5월에서 대외경제관계의 확대발전을 '국가경제발전 5개년 전략'2016~2020년의 중요구성부분으로 규정했으며, 내각은 "나선경제무역지대와 신의주국제경제지대, 원산-금강산 국제관광지대를 비롯한 경제개발구 등에 대한 투자를 실현시키고 하부구조 건설과 중요대상 건설을 선행시켜 나가겠다."[228]고 김정은 앞에서 공약하였다.

이처럼 북-중 경협이 과거에 비해 크게 활성화되는 데는 상호 필요성이라는 구조적인 요인과 양국 정부의 의지가 결합되어 있다. 이는 북-중

225) 김정은. "조선로동당 중앙위원회 2013년 3월 전원회의에서 한 결론", 《로동신문》, 2013.4.2.
226) 리일철. "경제개발구의 개념과 주요 류형", 《경제연구 2(2015)》, 평양, 과학백과사전출판사, 2015년 4월.
227) 김명심. "현 시기 독립채산제기업소에서 무역상품 생산에 필요한 자금보장에서 지켜야 할 기본요구", 《경제연구》, 3(2015), 평양, 과학백과사전출판사, 2015년 7월.
228) 리광근(대외경제성 부상). "무역구조를 개선하고 선진기술을 받아들여 나라의 경제를 발전시키는 데 이바지하겠다", 《로동신문》, 2016.6.30.

경협이 여러가지 외부 제약 속에서도 비교적 안정적인 확장 추세를 보일 가능성이 높다는 점을 시사한다.

3) 국경에서의 북-중 경제협력 현황

북-중 관계의 역사를 되돌아 볼 때 요즈음처럼 국경에서 양국을 이어주는 다양한 기반시설들이 건설된 적이 없었다. 단둥시에서는 중조변민호시무역구中朝边民互市贸易区가 2015년 10월에 개장하고 이듬해인 2016년에 정식 가동하였다. 호시무역이란 '육로로 국경에서 20km 이내에 거주하는 변경주민에게 정부 허가를 거친 개방지점 또는 지정된 재래시장에서 규정된 금액 혹은 수량을 초과하지 않는 범위 내에서 상품교환 활동을 진행하는 것'[229]을 뜻한다. 이러한 호시무역을 진행하는 곳이 호시무역구다. 단둥시는 향후 호시무역구를 세군데 더 추가로 열 계획이며[230] 지린성의 투먼图们, 룽징龙井, 허룽和龙, 지안集安 등에서도 개장을 추진하고 있다.[231] 물론 북핵 문제가 악화되어 있는 상황에서 호시무역의 빠른 발전을 기대하기는 어렵다. 단기적으로는 난관이 예상된다. 그러나 중장기적으로 볼 때 이 호시무역구들이 국경 곳곳에서 개장될 경우 북-중 국경의 모습은 그만큼 더 활기를 띨 것으로 보인다.

북-중 국경 일대에는 서로 상대방과의 경제협력을 전제로 한 경제특구가 생겨나기 시작했다. 일찍이 중국 쪽에서는 1992년에 국무원의 비준을 받은 단둥변경경제합작구와 훈춘변경경제합작구가 설립되어 지금까지 운영되어 왔다. 변경경제합작구는 국가급 개발구로서 중앙정부로부터 기초

---

229) "边民互市贸易_百度百科", baike.baidu.com/view/2297592.htm(2016년 10월 2일 검색).

230) 丹东市人民政府. "丹东市人民政府关于印发丹东市国民经济和社会发展第十三个五年规划纲要的通知", (丹政发(2016)13号), 2016.6.3. 계획 지역은 국경통과지점호시무역구(신압록강대교), 허커우호시무역구(宽甸县上河口村), 다타이즈호시무역구(东港市)이다.

231) 吉林省人民政府. "吉林省人民政府关于印发吉林省国民经济和社会发展第十三个五年规划纲要的通知", (吉政发(2016)12号), 2016.3.24.

시설 조성과 입주기업에 대한 세제 혜택 등의 지원을 받을 수 있다.

그런데 1990년 이후 20년 동안 북-중 국경에서 이 두 경제합작구 외에 양국 경제협력을 사업 내용에 포함하고 있는 산업단지는 개발되지 않았다.

그러나 2010년 이후 변화가 발생하였다. 긴 정체기를 깨고 2012년에 투먼시가 북한 산업노동자를 유치한 조선공업원을 건설하였으며 2015년 3월에는 중국 국무원이 세계적인 철광산이 소재한 함경북도 무산 맞은 편 허룽시 난핑에 허룽변경경제합작구 건설을 비준하였다. 허룽시는 시 중심에서 이곳에 이르는 약 50km의 철로를 완공했으며 2014년에 북한 무산광산과의 협력을 전제로 100만 톤 규모의 철정제분 선광공장选矿厂을 완공하는 등 변경경제합작구 건설을 빠르게 진행하고 있다. 뿐만 아니라 지안에서도 국무원 승인을 목표로 변경경제합작구 건설을 추진하고 있다. 이 경제합작구는 북한의 만포경제개발구, 위원공업개발구 및 자강도 강계시와의 협력에 기대를 걸고 건설되고 있다.

북한도 2013년부터 외국자본의 유치를 목표로 국경 일대에 다양한 경제개발구를 지정하며 경제개발을 도모하고 있다. 북한에서 경제개발구란 '국가가 특별히 정한 법규에 따라 경제활동에서 특혜가 보장되는 특수경제지대로서 해당 국가가 다른 나라의 투자를 끌어들여 경제를 발전시킬 목적으로 국내의 다른 지역과 구별하여 투자와 기업들의 생산, 봉사, 과학기술 연구활동에 보다 유리한 환경을 보장해주는 특정한 지역'을 뜻한다. 개발구에는 여러 분야의 사업기능을 결합한 종합 경제개발구와 함께 공업, 농업, 관광, 수출가공, 첨단기술 개발 등을 전문하는 전문형 경제개발구가 있다.[232)]

북한은 2013년 5월부터 2016년 말까지 전국에 21개의 경제개발구를 지정했으며, 이 가운데 8개가 압록강, 두만강 연안의 국경지방에 있다. 북-중 국경에는 이미 경제특구로 지정받은 곳이 3개 더 있다. 따라서 11

232) 리일철. "경제개발구의 개념과 주요 류형", 《경제연구 2(2015)》, 평양, 과학백과사전출판사, 2015년 4월.

개의 경제개발구가 국경 일대에 분포해 있는 셈이다. 그런데 주목할 점은 국경의 경제개발구 대부분이 중국 측의 적극적인 설득이나 협의 아래 설치되었다는 사실이다. 예컨대, 나선경제무역지대와 황금평·위화도 경제개발구는 북-중 공동개발·공동관리 지역이고, 온성섬관광개발구와 경원경제개발구, 무봉국제관광특구는 북-중 공동개발이 약속되어 있는 곳이다. 물론 북한 경제개발구 중 황금평·위화도 경제개발구 등 상당수는 대북 경제제재의 영향으로 추진이 부진하거나 추진속도가 매우 더딘 편이다. 이상에서 설명한 북-중 국경 부근의 양국 경제특구를 지도에 표시하면 아래 그림과 같다.

북한, 중국의 국경부근 경제특구들(2016년 8월 현재)

○ 북한 지정 경제특구

ⓐ나선경제무역지대 ⓑ신의주국제경제지대 ⓒ황금평,위화도 경제개발구 ⓓ압록강경제개발구 ⓔ청수관광개발구 ⓕ위원공업개발구 ⓖ만포경제개발구 ⓗ혜산경제개발구 ⓘ무봉국제관광특구 ⓙ온성섬관광개발구 ⓚ경원경제개발구

○ **중국의 중요 대외경제협력 지구**

- 국가급 변경경제합작구: ① 단둥 ② 훈춘 ③ 허룽
- 건설(추진)중인 변경경제합작구: ④ 지안
- 북-중 노무인력 협력 공단: ⑤ 투먼시 조선공업원

한편 북-중 관광교류도 빠르게 증가하고 있다. 중국 국무원은 2016년 1월 단둥시와 옌볜조선족자치주를 초국경관광합작구로 지정하였다.[233] 단둥과 옌볜주가 국경선을 넘어 관광협력을 할 수 있는 최대의 대상국은 북한이라는 점에서 이러한 국무원 조치는 북-중 관광교류를 크게 촉진할 것으로 보인다.

북-중 국경 일대에서 북한노동력의 중국 진출도 활발하게 이루어지고 있다. 중국의 주요 국경도시마다 북한노동력을 고용한 기업과 서비스업체가 늘고 있다. 특히 단둥시와 투먼, 옌지延吉, 훈춘 등의 산업체에는 북한노동자가 다수 진출해 있는 것으로 알려져 있다.[234] 이러한 북한 노무인력의 중국 진출은 중국 지방정부와 기업들이 기업성장 전략의 일환으로 북한노동력 활용을 선택하면서 이루어지고 있다. 특히 북한의 고급 IT 기술인력은 실력에 비해 저렴한 임금 때문에 중국 산업체의 집중 스카우트 대상이 되고 있다.

중국의 노무전문가들은 북한의 노동력이 중국과 상호보완적 성격을 지닌 것으로 보고 있다. 즉 북한노동력은 동북 지방의 노동력 부족난을 완화시켜 줄 수 있다는 것이다. 예컨대, 최근 경제성장 지체로 어려움을 겪는 단둥시는 의류, 수산가공 등 수출산업 분야에서 노동력 부족 상태가 심각한데, 이 부분을 북한의 노무인력이 보완할 수 있다는 것이다.[235]

233) 国务院. "国务院关于支持沿边重点地区开发开放若干政策措施的意见", 国发(2015) 72号, (2016.1.7.).

234) 蒋金娜. "关于丹东市建设与朝鲜劳务合作平台的可行性分析", 《辽宁经济》, 2014.01.

235) 蒋金娜. 앞의 논문 참조.

3. 북-중 국경의 미래

북-중 국경은 역사적으로나 현재의 시각에서나 중국이 접한 15개국의 국경 중 상대적으로 안정적인 경계로 손꼽힌다. 1990년대 이후 탈북자가 속출하고 북한의 핵실험으로 정세가 불안해지는 가운데서도 이 국경은 비교적 평온을 유지했다. 앞에서 살펴본 바와 같이 북한과 중국이 국경관리를 위해 맺은 제반 협정과 그것을 지켜온 양국의 경험과 전통이 국경에서 발생할 수 있는 긴장 요소들을 제어해왔다.

그러나 북-중 국경은 그동안 경계가 지닌 대결적 요소를 제어하고 안정을 유지하는 데는 성공했지만 경제협력의 가교가 되어 양국 주민들의 생활을 향상시키는 역할을 수행하지는 못했다. 북-중 국경이 오랫동안 정치적 연대와 중국의 북한에 대한 일방적인 지원통로에 불과했지, 상호 필요성에 바탕을 둔 활발한 경제교류와 인적왕래의 가교 역할을 하지는 못했다는 뜻이다.

북한과 중국이 시장경제에 기초해서 경제협력을 진행할 경우 그 잠재력이 매우 크다는 사실은 이미 냉전 해체 이후 많은 전문가들에 의해 지적되어 온 바였다. 그런데 이것이 현실화되기 시작한 것은 2010년 이후였다. 북한당국이 경제개방에 나서고 중국의 지방정부와 민간기업들이 대북 경제협력의 필요성을 강하게 느끼면서 북-중 국경의 역할이 변화하기 시작했다. 양국 경제주체들의 경제협력을 통한 이익창출에 대한 기대치가 높아졌다.

중국 지방정부들은 대북 경제협력 강화를 위해 교량 건설, 국경통과 지점 확대 및 현대화, 변경경제합작구 건설 등 기반시설에만 수십억 달러를 투자하기 시작했다. 북한도 과거의 소극적 자세에서 벗어나 국경에서 중국과 다양한 협력을 상정한 경제개발구를 설치하는 한편 시장친화적인 개방정책을 가속화하고 있다.

2016년 말 현재 북-중 국경에서의 양국 협력은 북한의 핵실험으로 인한 대북제재의 영향으로 곳곳에서 지체되고 있는 모습이 완연하다. 그러나 다른 한편에서 양국 경제주체 간의 협력 욕구가 강해 이 제재를 뚫고 국경을 매개로 한 경제교류가 점점 더 다양한 분야로 확대되고 있는 모습을 볼 수 있다. 아마 이 추세는 북핵 문제가 '대화·협상' 또는 '해결 진전' 쪽으로 전환될 경우 대세가 될 가능성이 높다.

앞으로 북-중 경제협력의 새로운 추세는 결국 한국경제에도 상당한 영향을 미칠 것이다. 북한과 중국이 초국경 경제협력에 눈을 뜸으로써 남북경제협력은 물론이거니와 남북중 경제협력의 공간도 크게 열릴 가능성이 높아졌다. 예컨대, 한국경제도 의지만 있다면 광저우-상하이-베이징-센양을 거쳐 단둥까지 연결되어 있는 중국의 고속철과 고속도로를 남한과 쉽게 연결시킬 수 있는 기회를 맞이하게 되었다. 이런 상황이 현실이 되면 한국이나 중국, 북한 모두 엄청난 경제적 이익을 향유할 수 있을 것이다.

북한 입장에서도 다양한 남-북-중 협력을 통해 북한경제가 외부경제와 호혜적이며 유기적인 관계를 강화·발전시켜 나간다면, 북한 정권의 생존방식도 군사주의에서 경제주의로 전환되지 않을 수 없을 것이다. 즉, 북한이 남한 및 주변국가와 유기적 경제협력을 통해 국가발전을 실현해 나간다면, 점차 국제규범의 준수에 익숙해지면서 정상적인 국제행위자로 변화해 갈 수밖에 없다. 이렇게 되면 남한과 북한, 미국과 북한 사이에 북핵 문제와 남북대결 등 한반도 안보 현안을 근본적으로 해결할 수 있는 진정한 신뢰가 구축될 수 있다. 결국 우리가 북-중 국경의 변화를 잘 포착하여 남북 경제협력뿐만 아니라 남-북-중 초국경 경제협력을 추진한다면 우리는 이로부터 외교·안보로 풀지못한 한반도 대결 상황을 평화·번영으로 전환시킬 수 있는 실마리를 찾을 수 있을지도 모른다.

참고문헌

Ⅰ. 중국 문헌

1. 조약, 협정, 의정서(연도순)

"中华人民共和国政府 朝鲜民主主义人民共和国政府 关于鸭绿江水丰水力发电厂的协定"(1955.4.17 체결, 1955.7.1 발효) 『北·中 간 국경업무 조약집』, (국가정보원, 서울, 2006).

"中华人民共和国政府 朝鲜民主主义人民共和国政府关于中朝鸭绿江水丰水力发电公司的议定书", (1955.5.7 체결, 1955.7.1 발효) 『北·中 간 국경업무 조약집』, (국가정보원, 서울, 2006).

"中朝鸭绿江水丰水力发电公司章程", (1955.5.7.) 『北·中 간 국경업무 조약집』, (국가정보원, 서울, 2006).

"中华人民共和国政府和朝鲜民主主义人民共和国政府关于国境河流航运合作的协定"1960.5.23. 체결) 『北·中간 국경업무 조약집』, (국가정보원, 서울, 2006).

"中华人民共和国政府代表团和朝鲜民主主义人民共和国政府代表团关于中朝边界问题的会谈纪要"(1962.10.3) 『中朝, 中苏, 中蒙 有关条约, 协定, 议定书 滙编』, 中国 长春, 吉林省革命委员会外事办公室编印, 1974年 6月.

"中华人民共和国和朝鲜民主主义人民共和国边界条约"(1962.10.12. 체결) 『中朝, 中苏, 中蒙 有关条约, 协定, 议定书 滙编』, 中国 长春, 吉林省革命委员会外事办公室编印, 1974年 6月.

"中华人民共和国政府和朝鲜民主主义人民共和国政府关于中朝边界的议定书"(1964.3.20. 체결) 『中朝, 中苏, 中蒙 有关条约, 协定, 议定书 滙编』, 中国 长春, 吉林省革命委员会外事办公室编印, 1974年 6月.

"中华人民共和国政府和朝鲜民主主义人民共和国政府关于共同利用和管理中朝界河的互助合作协定"(1964.5.5. 체결) 『中朝, 中苏, 中蒙 有关条约, 协定, 议定书 滙编』, 中国 长春, 吉林省革命委员会外事办公室编印, 1974年 6月.

"中华人民共和国公安部 朝鲜民主主义人民共和国社会安全省关于在边境地区

维护国家安全和社会秩序的工作中相互合作的议定书", (1964.6.9 체결). 『中朝, 中苏, 中蒙 有关条约, 协定, 义定书 滙编』中国 长春, 吉林省革命委员会外事办公室编印, 1974年 6月.

"中华人民共和国政府和朝鲜民主主义人民共和国政府关于共同繁殖保护和利用水丰水库鱼类资源的协定", (1972.12.19 체결). 『北·中 간 국경업무 조약집』, (국가정보원, 서울, 2006).

『中华人民共和国铁道部和朝鲜民主主义人民共和国铁道部关于国境铁路的协定』, (1973. 10.9 체결, 1974.1.1 발효), 『北·中 간 국경업무 조약집』, (국가정보원, 서울, 2006).

"中华人民共和国政府和朝鲜民主主义人民共和国政府关于中朝边界第一次联合检查的议定书"(1975.11.6 체결) 『中朝条约, 协议, 议定书 续编』, 吉林省人民政府外事办公室, (1981年 4月).

『苏维埃社会主义共和国联盟与朝鲜民主主义人民共和国关于调整苏朝国界的条约』, (1985.4.17 체결, 평양) 제1조 〈www.pkulaw.cn/fulltext〉 (2016.11.29).

『中华人民共和国水利部和朝鲜民主主义人民共和国 气象水文局关于鸭绿江和图们江水文工作合作协定』, (1990.5.24 체결). 『北·中 간 국경업무 조약집』, (국가정보원, 서울, 2006).

『中华人民共和国公安部 朝鲜民主主义人民共和国国家安全保卫部关于在边境地区维护国家安全和社会秩序的工作中相互合作的议定书』, (1998.7.8 체결, 1998.8.28 발효). 『北·中 간 국경업무 조약집』, (국가정보원, 서울, 2006).

『中华人民共和国政府和朝鲜民主主义人民共和国政府关于边境口岸及其管理制度的协定』, (2001.11.24 체결, 2002.5.30 발효). 『北·中 간 국경업무 조약집』, (국가정보원, 서울, 2006).

"中华人民共和国政府, 朝鲜民主主义人民共和国政府和俄罗斯联邦政府关于图们江中华人民共和国, 朝鲜民主主义人民共和國和俄罗斯联邦国界交界点的叙述议定书"(2002.6.20. 체결, 2003.3.29. 발효), 『北·中 간 국경업무 조약집』, (국가정보원, 서울,2006).

"中华人民共和国政府和朝鲜民主主义人民共和国政府关于边界管理制度的协定"(2009.10.4. 체결) 자료 미확보.

"中华人民共和国和朝鲜民主主义人民共和国关于共同建设, 管理和维护集安—满浦界河公路大桥的协定"(2012.5.10), 中华人民共和国外交部. (www.fmprc.gov.cn).

2. 문서(연도순)

"毛泽东会见朝鲜政府代表团第一次谈话记录"(1958.11.25) 外交部编.《毛泽东接见外宾谈话记录汇编》第四冊, 北京.

"周恩來接见朝鲜最高人民会议代表团谈话记录"(1962.6.28), 外交部档案馆, 106-01379-03.

"周恩來接見朝鮮科學院代表團時的談話" (1963.6.28.),『外事工作通報』, 1963年 第10期, 北京. 서길수. 『백두산국경연구』, 서울, 여유당, 2009.

"毛泽东会见朝鲜党政代表团第谈话记录"(1964.10.7) 外交部编.《毛泽东接见外宾谈话记录汇编》第十一冊, 北京.

홍위병 연길시 홍색반란대군 외《연변 당내의 자본주의 길로 나가는 가장 큰 집권파 주덕해의 매국 죄상》, 중국 연길시, (1967.7.24).

중국공산당 길림성위원회 길함[1978] 32호,《주덕해 동지에 들씌운 루명을 벗겨주며 그의 명예를 회복시켜 줄데 관한 중국공산당 연변조선족 자치주위원회의 결정(1978.6.10)》, (1978.6.16).

吉林省人民政府. "吉林省人民政府关于印发吉林省东部绿色转型发展区总体规划的通知" 吉政发, (2015) 11号, (2015.2.16).

国家电网公司东北分部(东北电网有限公司). "国家电网公司东北分部(东北电网有限公司)2015年 高校毕业生招聘公告(第二批)", (2015.2.28.).

"和龙南坪至朝鲜清津高速公路项目",《政务公开》, 和龙市人民政府(2015.05.11.).

"珲春启动18个与周边国家互联互通重点项目", 珲春市航务局, (2015.11.23.)

国务院. "国务院关于支持沿边重点地区开发开放若干政策措施的意见" 国发, (2015) 72号, (2016.1.7).

吉林省人民政府. "吉林省人民政府关于印发吉林省国民经济和社会发展第十三个五年规划纲要的通知", 吉政发 (2016) 12号, (2016.3.24).

"集安市望江楼电站工程项目简介",《集安市政府公众信息网》, (2016.4.18) (来源:集安市发展和改革局).

丹东市人民政府. "丹东市人民政府关于印发丹东市国民经济和社会发展第十三个五年规划纲要的通知", 丹政发 (2016) 13号, (2016.6.3).

"双目峰口岸旅游及外贸通道建设项目" 吉林省白河林业局, http://www.bhlyj.cn/ (2016.9.29 검색).

3. 단행본 및 논문

曲星.『中国外交 50年』, 中国 南京, 江苏人民出版社, 2000.

童小鹏『在周恩来身邊四十年(下)』, 北京, 华文出版社, 2015.

王泰平 主编.『中华人民共和国外交史(第二卷) 1957-1969』, 北京, 世界知识出版社, 1998.

《安图县志》1993年版, 长春, 吉林文史出版社, 1993.

中华人民共和国外交部 外交史研究室编『周恩來外交活动大事记 1945-1975』, 北京, 世界知识出版社, 1993.

中共中央文献研究室编,『周恩來年谱 1949-1976(上)(中)(下)』, 北京: 中央文献出版社, 1997.

劉树发 主编,『陈毅年谱(上)(下)』, 北京, 人民出版社, 1995.

곡애국, 증범상 지음. 김엽, 김성 옮김.『조남기전』, 중국 연길, 연변인민출판사, 2004.

沈志華·董潔. "中朝邊界爭議的解解決(1950-1964년)"《二十一世紀》, 雙月刊, 2011年 4月号(總 第一二四期), Hongkong, 中文大學, 2011.

蒋金娜. "关于丹东市建设与朝鲜劳务合作平台的可行性分析",《辽宁经济》, 2014年 1月.

张宝琦 "中朝供电史研究"《通化師範學院, 朝鲜半岛经济文化研究中心》. (http://cxbd.thnu.edu.cn) 2014.12.24.

范宏伟. "中缅邊界问题的解决: 过程与影响"《南洋问题研究》, 2010(3): 厦门, 厦门大学南洋研究院, 2010.

王为. "中国国际铁路口岸巡礼之十三: 中朝间的6座国际铁路断桥",《中华铁道网》, 2016.9.28.

孙喆. "从《中俄尼布楚条约》到长白山定界-兼论清初的"天下"与"中国"观念" 동북아역사재단.『백두산 근대국경과 백두산정계비』, (백두산정계비 건립 300주년 기념 학술회의 자료집), 서울, 2012.

姜维东. “고구려 연구의 몇가지 문제” 马大正 주편. 이영옥 옮김. 『중국의 동북변강연구』, 서울, 동북아역사재단, 2004.

王洛林. “동북변강연구의 강화, 학과 건설의 촉진” 马大正 주편. 이영옥 옮김. 『중국의 동북변강연구』, 서울, 동북아역사재단, 2004.

魏存成. “고구려의 주요 유적과 그 분포” 马大正 주편, 이영옥 옮김. 『중국의 동북변강연구』, 서울, 동북아역사재단, 2004.

4. 사전·언론기사 및 기타

“[独家]投资指南: 中国-朝鲜5大建设项目详解”,《海外网》, 2016.1.14.

“江海分界碑与分界线”《东港新闻网》, 2013.5.28.

“国门湾中朝边民互市贸易区试运营”,《丹东新闻网》, 2016.6.27.

“吉林筹建中朝图们—稳城跨境文化旅游合作区”,《中国新闻网》, 2015.4.23.

“丹东(辽宁省地级市)_百度百科”, baike.baidu.com/ view(2016.10.1 검색) .

“大合子口岸_百度百科” baike.baidu.com/view(2016.10.5 검색).

“图们市凉水断桥”《图们政府网》, 2016.8..

“图们全力推动中国(图们)朝鲜工业园发展”,《中国投资指南》, 2013.12.30.

“罗先_百度百科”, baike.baidu.com/view(2016.10.2. 검색).

“龙井(吉林省延边朝鲜族自治州龙井市)_百度百科”, baike. baidu.com/view (2016.10.2 검색).

丹东: 集多种类型口岸于一城《国际商报第》, 8288期, 2015.7.22 B2(中国商务新闻网, www.comnews.cn).

“临江(吉林省白山市辖县级市)_百度百科”, baike.baidu. com/view (2016.10.1. 검색).

“甩湾子断桥”,《中国·珲春示范区网》, 2014.4.11.

“十年增殖放流 富了宽甸百姓”《宽甸县报》, 2014.12.4.

“东北最大水库累计增殖放流鱼苗超过一亿尾”《人民网-辽宁频道》(2014.11.15).

“我国输油管道之最”,《中国石油》, 2015.1.26.

"鸭绿江口".《百度百科》, (,baike.baidu.com/view (2016.11.25. 검색).

"边民互市贸易_百度百科", baike.baidu.com/view (2016.10.2 검색).

"长白: 积极打造口岸经济",《中国吉林网》, 2015.11.14.

"趟过世纪之河 走进辉煌时代",《丹东新闻網》, 2006.9.18.

"中朝经济区大事记",《经济网》, 2012.11.26 (원문은『中国经济周刊』, 2012年 第46期).

"中朝罗先经济贸易区_百度百科", baike.baidu.com (2016.10.3 검색).

"中朝邊境圈河口岸大桥项目取得新进展",《中华人民共和国国家发展和改革委员会》, 2014.9.29.

"中朝边境存多年灰色民间贸易 政治气候影响生意", (2010.6.17) http://www.sina.com.cn, 中国新闻周刊, 2010022期.

"地图-中国地图-图吧", map.mapbar.com/a_tonghua_jian_map (2016.10.1 검색).

"集安_百度百科", baike.baidu.com/view (2016.10.1. 검색).

"集安加快建设我省南部对外开放"桥头堡"",《吉林省投资促进网》, (来源: 集安市经合局) 2016.8.22.

"集安望江楼和文岳电站奠基及项目建设巡礼",《吉林日報》, 2010.4.13.

"集安市鸭绿江大桥",《中国桥》. www.china-qiao.com(2016.10. 검색).

"长白朝国族自治县_百度百科", baike.baidu.com/view(2016.10.1. 검색).

"追寻志愿军秘密过江地—长甸河口",《安东逸夫的博客》. http://blog.sina.com.cn (2013.10.28)

"图们(吉林省延边朝鲜族自治州图们市)_百度百科", baike. baidu.com/view (2016.10.2 검색).

"和龙_百度百科", baike.baidu.com/view (2016.10.2 검색).

"珲春_百度百科", baike.baidu.com/view(2016.10.2 검색).

"Kim's visit promotes economic relations",『China Daily』, (Beijing), May 30, 2011 .

"Top leaders of China, hold talks in Beijing",『China Daily』, (Beijing), May 7, 2010.

Ⅱ. 한국문헌

강석화. "백두산 정계비와 간도" 김정배·이서행 외 지음. 『백두산, 현재와 미래를 말한다』, 성남, 한국학중앙연구원 출판부, 2010.

고승희. "1880년대 조·청 감계 협상과 국경문제인식" 동북아역사재단편. 『근대 변경의 형성과 변경민의 삶』, 서울, 2009.

김명심. "현 시기 독립채산제기업소에서 무역상품 생산에 필요한 자금보장에서 지켜야 할 기본요구", 《경제연구》, 3(2015), 평양, 과학백과사전출판사, 2015년 7월.

김애경. "중국·몽골 간의 영토분쟁과 해결방식" 이동률 외 『중국의 영토분쟁』, 서울, 동북아역사재단, 2008.

김예경. "중국과 베트남 간의 영토분쟁과 해결방식" 이동률 외 『중국의 영토분쟁』, 서울, 동북아역사재단, 2008 .

김정권 외. 『국제법』, 서울, 박영사, 2010.

김춘선. "'간도협약' 체결 전후 북간도 지역 한인사회" 동북아역사재단편. 『근대 변경의 형성과 변경민의 삶』, 서울, 2009.

아키츠키 노조미. "화이질서에서의 경계지대와 국제법적 '국경'", 동북아역사재단편. 『근대 변경의 형성과 변경민의 삶』, 서울, 2009.

안병우. "중국의 변강 인식과 민족갈등" 안병우 외 『중국의 변강인식과 갈등』, 경기 오산, 한신대출판부, 2007.

『龍川港案』 奎. 17874, (1906년, 서울대 규장각 보관).

이성재. "위진남북조의 '요동' 인식과 고구려-조위의 동방경략과 그 역사적 의미를 중심으로" 안병우 외 『중국의 변강인식과 갈등』, 경기 오산, 한신대출판부, 2007 .

이옥희, 『북·중 접경지역- 전환기 북·중 접경지역의 도시네트워크』, 서울, ㈜푸른길, 2011.

이정남. "중국과 러시아 간의 영토분쟁과 해결방식" 이동률 외. 『중국의 영토분쟁』, 서울, 동북아역사재단, 2008.

이종석. 『북한-중국 관계 1945-2000』 서울, 중심출판사, 2000.

______. "1960년대 북한-중국 간 백두산 국경획정 과정" 김정배·이서행 외 지음, 『백두산, 현재와 미래를 말한다』, 성남, 한국학중앙연구원 출판부, 2010.

______. "북-중 경제협력의 심화: 특징과 함의", 《정세와 정책》, 2011년 7월호(통권183호), 성남, 세종연구소, 2011년 7월.

______. 2011. "경계정치를 통해 본 2011년 북한" 《정세와 정책》, 2011년 12월호. 성남, 세종연구소. 2011년 12월.

______. "북한-중국 국경획정에 관한 연구" 《세종정책연구》, 2014-4, 성남; 세종연구소, 2014.

______. "문화대혁명시기 북한-중국 관계 연구" 《세종정책연구》, 2015-3, 성남, 세종연구소, 2015.

______. "국경에서 본 북-중 관계와 북한 실태", 《세종정책브리핑》, 2015-15, 성남, 세종연구소, 2015년 11월.

______. "국경에서 본 북-중 경제교류와 북한 경제 실상" 《세종정책브리핑》, No. 2016-19, 세종연구소, 2016년 8월.

이화자. "중국·북한 국경 답사기- 백두산 토퇴군(土堆群)의 새로운 발견" 《문화역사지리》, 제24권 제3호(2012), 한국문화역사지리학회.

최덕규. "중소관계와 국경분쟁-전바오다오 사건(1969)을 중심으로" 안병우 외. 『중국의 변강인식과 갈등』, 경기 오산, 한신대출판부, 2007.

______. "제국주의 열강의 만주정책과 간도협약(1905~1910)" 동북아역사재단편 『근대 변경의 형성과 변경민의 삶』, 서울, 2009.

최재헌·김숙진. "중국 조선족 디아스포라의 지리적 해석: 중국 동북3성 조선족 이주를 중심으로", 《대한지리학회지》, 제51권 제1호. 2016.

황장엽 『나는 역사의 진리를 보았다』, 서울, 도서출판 한울, 1999.

『두산백과 doopedia』, (http://www.doopedia.co.kr).

"반외교 "간도협약은 무효"" 《노컷뉴스》, 2004년 10월 22일.

『백두산정계비 자료집』. 동북아역사자료 총서 6, 서울, 동북아역사재단, 2006.

《KDI북한경제리뷰》. 2016년 5월호; 세종시, KDI, 2016년 5월.

『위키백과, 우리 모두의 백과사전』, (https://ko.wikipedia.org).

『조선향토대백과』, 서울, (사)평화문제연구소, 2008.

Ⅲ. 북한 문헌 및 기타

《조선중앙년감》 (국내판) 1959》, 평양, 조선중앙통신사, 1959년 11월.

《조선중앙년감》 (1961년판) 평양, 조선중앙통신사, 1962년 6월.

《조선중앙년감》 (1962년판) 평양, 조선중앙통신사, 1962년 12월.

《조선중앙통신》 평양, 2010년 10월 4일.

김정은. "조선로동당 중앙위원회 2013년 3월 전원회의에서 한 결론" 《로동신문》, 2013년 4월 2일.

_____. "조선로동당 제 7차 대회에서 한 당중앙위원회 사업총화 보고", 《로동신문》, 2016년 5월 8일.

_____. 「전당, 전군, 전민이 산림복구전투를 힘있게 벌려 조국의 산들에 푸른 숲이 우거지게 하자」 (당, 군대, 국가경제 책임일군들과 한 담화. 2015.2.26.) 평양, 조선로동당출판사, 2015.

리일철. "경제개발구의 개념과 주요 류형", 《경제연구 2(2015)》, 평양, 과학백과사전출판사, 2015년 4월.

리광근(대외경제성 부상). "무역구조를 개선하고 선진기술을 받아들여 나라의 경제를 발전시키는 데 이바지하겠다. 《로동신문》, 2016년 6월 30일.

"朝鲜民主主义人民共和国新义州国际经济地区投资说明书", www.xici.net (2016.1.19).

"认识朝鲜问答集8(观光与投资)", 《海外网》, 2016.1.25.

Lee Jong-Seok. "Struggling through times of darkness and despair: Korean Communists from the anti-Japanese resistance to the Chinese Civil War" in A. Brady & D. Brown (Eds.), *Foreigners and Foreign Institutions in Republican China*. New York, Routledge: 2013.

Fravel, M. Taylor. "Regime insecurity and international cooperation: Explaining China's compromises in territorial disputes." *International Security*. Vol. 30, No. 2 (Fall 2005).

북한-중국 국경

역사와 현장

2017년 6월 22일 초판 인쇄 값 28,000원
2017년 6월 28일 초판 발행

지은이 | 이종석
발행인 | 진창수
발행처 | 세종연구소
주 소 | 경기도 성남시 수정구 대왕판교로 851번길 20 (13449)
공급처 | 광일문화사 서울 강남구 학동로 323 (06060)
전 화 | (02) 517-5555
팩 스 | (02) 545-5786
홈페이지 | www.sejong.org
등 록 | 2001년 1월 19일 제 1-26호
ISBN 978-89-7429-547-9 93340